Quatre mille marches

Ying Chen

Quatre mille marches

Boréal

COLLECTION PAPIERS COLLÉS

L'auteur remercie le Conseil des arts et des lettres du Québec
d'avoir soutenu la composition de ce recueil.

Les Éditions du Boréal remercient le Conseil des Arts du Canada ainsi que
le ministère du Patrimoine canadien et la SODEC pour leur soutien financier.
Les Éditions du Boréal bénéficient également du Programme de crédit d'impôt
pour l'édition de livres du gouvernement du Québec.

Diffusion au Canada : Dimedia

Données de catalogage avant publication (Canada)

Chen, Ying, 1961-

    Quatre mille marches

    (Collection Papiers collés)

    Publ. en collab. avec : Le Seuil.

    ISBN 2-7646-0308-8

    1. Chen, Ying, 1961- – Exil – Québec (Province). 2. Littérature de l'exil – Histoire et
critique. 3. Culture. I. Titre. II. Collection.

PS8555.H444Z47   2004   C843'.54   C2004-940543-8

PS9555.H444Z47   2004

Carnet de voyage en Chine

> *The very instant the place is out of your sight it is no longer yours, the way you knew it. The place you think you remember melts and shimmers in your mind's eye, like the ruins of a city on the bottom of a lake...*
>
> ALBERTO MANGUEL

Un dilemme du Rêve dans le pavillon rouge*

Je regarde la nuée d'oiseaux passer au-dessus de ma tête. Ces êtres si légers et connaissant si bien leur but m'inspirent toujours quelque envie de les imiter, de sentir mes propres membres devenir des ailes. Mes pieds semblent plantés dans le sol. Les oiseaux s'en

---

* Le vaste roman de Cao Xueqin (1715-1763).

vont, je reste en arrière. Dans les années 70, alors que j'étais encore enfant, un écrivain chinois a publié un roman sur le poids des ailes. Maintenant je comprends ce que c'est. Plus le départ approche, plus la perspective de devoir penser, écrire et parler parce que cela est prévu dans le programme du tournage me rend crispée d'angoisse. J'aurais même préféré ne pas partir. Autrefois, à l'école primaire, je détestais aller au parc ou au cinéma en me tenant dans le rang avec mes camarades de classe qui marchaient à petits pas dans la rue comme un sage troupeau guidé par la maîtresse, parce que celle-ci attendait de nous un compte rendu sur notre sortie et s'apprêtait à nous attribuer une note. La caméra doit capter les mouvements, et les mouvements, notamment la répétition des gestes et des paroles, me donnent le vertige. Dans le tourbillon des images et de la machinerie, j'éprouve l'étrange sensation de disparaître, d'éclater en miettes, d'être la matière brute d'une création dont la nature m'échappe.

Il s'agit d'une aventure tout à fait moderne, non pas parce qu'elle est audiovisuelle, mais parce que je m'y suis lancée sans raison importante, poussée par une nostalgie trop facilement justifiable, que j'ai tant de fois redoutée. Ce qui m'inquiète, ce n'est pas seulement la caméra et le montage futur, c'est aussi l'aspect concret du voyage projeté, et la réalisation ou peut-être l'anéantissement d'un désir longtemps conservé malgré moi. Le désir de rejoindre l'origine des choses, le désir de les connaître, de me connaître. L'éternelle question que pose l'héroïne du *Rêve dans le pavillon rouge* : « Si ta pensée seule m'arrache des larmes, c'est que le destin nous relie ; et si le destin nous relie, d'où me vient alors cette tristesse ? » L'éternelle question aussi que posent des migrants de toutes sortes. Ma réponse d'aujourd'hui est simple : l'héroïne et le héros du *Rêve dans le pavillon rouge* ne sont pas faits pour être ensemble ; de même, si je quitte un endroit, c'est que, bon ou mauvais, que j'y sois née ou non, il ne m'est pas destiné. En voilà une réalité banale, sans profondeur. Des milliers et des milliers de gens vivent leur bref ou long passage en ce monde sans se connaître. Des milliers et des milliers de gens aussi quittent leur lieu de naissance. Cela ne paraît pas leur inspirer de véritable chagrin puisque, contrairement à l'héroïne du *Rêve dans le pavillon rouge*, qui meurt de son amour illusoire, la plupart survivent très bien à leur condition. Le chagrin est en fait l'ombre de quelque rêve souvent inoffensif mais pouvant devenir dangereux quand il persiste dans la tête. *Le Rêve dans le pavillon rouge* est alors le récit et même l'invention d'un songe. C'est une fiction. Je veux que pour une fois mon carnet soit exempt des éléments fictifs, qu'il serve de point final à une tristesse usée. Un enterrement peut être parfois un secours.

18 avril 1997

Perspectives

J'adore la sensation de m'élever jusqu'à la portée des nuages, de les voir défiler derrière les hublots, à côté de moi. J'ai manqué le coucher de soleil parce qu'on vient sans cesse me demander si je veux du poulet ou du poisson, du rouge ou du blanc, du café ou du thé. On nous sert à intervalles réguliers, histoire de nous aider à conserver la notion du temps qui autrement paraît fictif dans un avion. Quant au temps réel, il ne sera retrouvé qu'à l'instant où je remettrai les pieds sur une terre qu'on appelle chinoise, où soudain le bourdonnement de la langue chinoise nuancée de l'accent de Shanghai remplira mes oreilles, où une chaleur maritime jamais oubliée envahira mes entrailles et me rendra ivre, plus que tous les vins que j'aurai avalés durant le voyage.

Me semble vide l'aéroport que j'ai quitté il y a plus de huit ans et que je reconnais à peine à cause de ma mauvaise mémoire et de quelque rénovation dernier cri. Il manque des gens. Mes parents, qui en apprenant mon retour n'ont pas pu bien dormir pendant des nuits, ont décidé de ne pas me demander l'heure de l'arrivée dès qu'ils ont su la présence d'une caméra. N'est-il pas vrai que leur image est totalement insignifiante par rapport à ce qu'ils m'ont donné, à ce qui coule aujourd'hui, invisible et inexplicable, dans mes veines. Ou bien, croient-ils modestement que leur fille se trouve sur une voie qui leur échappe, comme eux-mêmes à leur façon ont étonné leurs parents dans leur jeunesse ? Car ils sont persuadés que je n'ai pas suivi leur conseil muet, que je suis en train de mener une existence fatigante. Ils auraient préféré, dans leur vieillesse sereine, me voir bercée dans un bonheur simple, dans une banalité tranquille où je me protégerais mieux. Ils ont pu deviner que la caméra et leur fille s'accorderaient mal. Si j'ai accepté de participer à ce tournage, c'est dans l'intention peut-être un peu naïve de faire connaître mon travail selon mon propre point de vue, et non pas l'aspect intime de mon rapport avec mes antécédents ou mes descendants.

Mes parents me manquent en ce moment. C'est curieux. Quand je suis loin de Shanghai, j'ai l'impression d'être enfant de toutes les mères, et mère de tous les enfants. Les autres sorts m'intéressent, d'autant plus que le mien et celui de mon enfant sont incertains. Il m'est facile d'être universelle, humaine, de me laisser inonder de couleurs et de voix inconnues. Et dès que je plonge dans des rues familières et dans l'infinie marée des Shanghaïens, je sens mon corps se rapetisser et mon esprit se resserrer. Les êtres et les choses me paraissent inintéressants, tout à fait ternes malgré leur nouvelle splendeur. Je ne pense qu'à mes parents, à leur santé, à leur train-train quotidien. Rien ne peut plus attirer mon attention. Par gentillesse on voulait filmer les lieux qui auraient pu influencer mon imaginaire, ignorant à quel point les lieux en général me laissent indifférente. Ne peut vraiment m'émouvoir ni ce qui a été construit ni ce qui a été détruit dans ma ville natale. Il est vrai que, dans la littérature, la manie des détails et

la précision descriptive ne m'ont jamais intéressée.
Pour cette tâche, la caméra me semble bien plus com-
pétente. Mais de mon insensibilité soudaine envers
l'environnement la raison est plus profonde. Tandis
que je propose certains lieux à visiter afin de voir pro-
gresser le film et de montrer ma bonne volonté de col-
laborer, un autre moi pousse des cris d'alarme et refuse
de bouger. Comme si je voulais garder le plus longtemps possible en moi un amour perdu dans le temps
et dans l'espace réels, lesquels n'existent que dans les
dimensions de mon inconscient, invisibles et peut-être
inaccessibles à la caméra sans le procédé de « voix off ».
Car en me rendant sur les lieux choisis, présumés por-
teurs d'un pouvoir d'inspiration, je serai à la surface du
moi, j'agirai comme un guignol devant la caméra.
Proust à ma place ne se débrouillerait pas mieux puisqu'il lui fallait un grand hasard, une miette de madeleine ou un morceau de Vinteuil, pour reconstruire sa
mémoire sur le sable du temps. De plus, Proust est
mille fois plus heureux que moi, car il cherche à sentir
le temps, alors que je crains de voir le sable.

Mes parents, de leur côté, pensaient m'emmener
voir quelques nouveaux coins de la ville, révélant son
aspect dynamique qui ferait croire à une renaissance. Je
devine qu'en proposant cela ils nourrissent l'espoir
timide de me retenir définitivement. Or, puisque cette
gigantesque cité n'a pas pu me séduire quand j'étais
encore enfant, à un âge où se cultivent des amours
exclusives, je commence aujourd'hui à m'attacher à un

autre paysage où je me sens plus chez moi. Mon véritable foyer est là où je deviens ce que je veux être. Plus encore : mon vrai nid se trouve dans les mots, entre les lignes, dans ce presque-rien qu'on ne peut même pas désigner comme « une place ». Aujourd'hui, j'ai l'impression de n'être pas vraiment née, de n'avoir jamais vraiment vécu avant vingt-huit ans, avant de m'être mise à écrire pour de bon. Mes parents sont si divinement sensibles, si fiers de leurs origines, que je n'ose pas leur avouer mon choix difficile. Rien ne peut plus me déplacer, semble-t-il, ni la vigilance des douaniers à l'égard de mon nouveau passeport, ni les mécontentements qui partout s'élèvent envers les étrangers, ni le déclin général, qui semble irréversible. Est-ce que je m'attends, sans le savoir, à la sensation d'une chute du corps qui favoriserait la montée de l'esprit ? Née dans une époque de famine, au sens concret du terme, et nourrie d'une littérature ascétique de slogans, je serais capable de trouver mon petit bonheur au pied de n'importe quelle pente. Après dix-sept heures de vol, j'aimerais mieux ne rien faire que de m'accouder aux fragiles genoux de mes parents. Je ne pense pas revoir mes anciens amis, dont beaucoup sont devenus des patrons pressés auxquels paraîtrait déplacée mon apparition relativement oisive, ma vie quasi romanesque. Et j'ai refusé d'aller me balader, sous prétexte d'horaires de travail trop tendus. Je n'ai pourtant pas envie de travailler. Je souhaite rester jour et nuit à côté de mes parents, contempler leurs rides, écouter leur silence, m'enfermer encore une fois dans mes racines. Car mes origines, ce ne sont pas les rêves de Zhang Zi, ni le romantisme des vers de l'époque Song, ni d'ailleurs la cruauté de Lu Xin, à ce compte, elles seraient bien trop vastes, et il faudrait également y inclure Shakespeare, Racine, Kafka, Camus, Koltès, et bien d'autres. Mes origines à proprement parler ne sont rien que le regard de mes parents. Pour combien de temps encore le regard de mes créateurs illuminera-t-il mon chemin? Et lorsque ce regard sera éteint, que me restera-t-il alors, ici comme là-bas?

21 avril

Le décalage

Il me faut faire un effort énorme pour vaincre la fatigue. Oublier le temps qu'il fait là-bas, la vie qui se déroule en mon absence, les pages littéraires qui paraissent le week-end, le courrier qui s'accumule dans la boîte, les appels sur le répondeur, une baisse de température, peut-être. Une fois, un lecteur m'a dit qu'il n'avait pas compris, en terminant *La Mémoire de l'eau*, le sentiment de regret que la narratrice éprouve avant même de descendre de l'avion qui l'emmène loin de chez elle. C'est que le personnage n'a pas su s'isoler dans un présent absolu, qu'il reste toujours, même déjà dans un avion, même en s'élevant de la terre, l'esclave de son habitude et de sa mémoire. On pourrait croire que la narratrice est malgré elle amoureuse du détestable fleuve qui l'a engendrée et dont elle essaie de faire le deuil. Lorsque, pour la première fois depuis huit ans, je marche de nouveau dans les rues de Shanghai, ma tête est complètement désordonnée. Je croyais pouvoir éprouver quelques fortes émotions et une grande envie de revivre un passé très long et tout de même proche — nous sommes là pour cela. Mais je ne cesse de penser à ma petite vie là-bas, que j'ai suspendue pour quinze jours au profit d'un séjour de travail, dont j'ignore de plus en plus le but véritable, dans une ville que je ne peux plus appeler mienne. Tout paraît injustement dépourvu de sens, et même laid, quand on se trouve à la fin d'une longue agonie d'amour, dans un état d'épuisement. Et cette fin est souvent provoquée par notre maladresse, qui était pourtant à l'origine une bonne volonté de retrouvailles.

La tâche est évidemment agréable pour Georges, le cinéaste. Un Occidental, une fois en Orient, trouve toujours à s'occuper. Nous avons de nombreux plans de tournage : la ville nouvelle à Pudong, qui s'est élevée depuis une dizaine d'années en face de Shanghai, les travailleurs dans les chantiers et les agriculteurs dans les champs, le métro, les salons de thé, le petit appartement de mon ancien professeur qui a dû déménager pour le bien-être de ses enfants, les usines de vêtements, le nettoyage des rues, le facteur, la gare où les gens se couchent par terre, ambulances, épiceries de riz, etc. Les éléments exotiques ne manquent pas. J'encourage Georges à se sentir libre de faire ses explorations sans moi. Il devrait se dépêcher car,

à force d'être utilisés, les éléments exotiques bientôt
ne le seront plus. C'est pour cela en effet que je rêve
de ne plus être une personnalité exotique. Qui dit
culture dit synthèse. Or le rôle de la littérature anti-
slogans est de désynthétiser, de considérer les êtres et
les choses individuellement. Laissons la caméra et la
plume faire leur travail chacune de son côté. Et peut-
être viendra-t-il un moment, qui sait, où avec
quelque heureuse surprise leurs chemins, quoique
différents, se croiseront.

22 avril

Les échecs chinois

Je suis allée au parc ce matin. Pour voir jouer aux
échecs. Georges ne s'y intéresse pas, parce que, dit-il
avec raison, beaucoup de films sur la Chine ont déjà
utilisé ce genre d'images. J'ai fait un tour dans les allées,
mais je n'ai trouvé aucun joueur. Peut-être est-il encore
trop tôt ou attend-on que le vent matinal se calme
pour sortir l'échiquier et le poser sur une pierre. Ou
serait-ce parce que, ce jeu étant devenu un cliché, les
vieillards se sont tournés vers autre chose ? Pour moi,
un cliché n'existe pas quand il touche à ma réalité profonde. Et cette réalité est le souvenir de ma grand-
mère. Lorsque j'étais enfant, elle m'emmenait au parc
prendre l'air. Mais elle me défendait de courir avec les
autres enfants et me tenait à côté d'elle, parmi des

vieillards qui causaient avec elle tout en jouant aux échecs. Un jour, l'un d'entre eux m'a même offert une glace. Je croyais qu'il adorait secrètement ma grand-mère, qui était veuve depuis l'âge de vingt-huit ans. Tout le monde disait que, jeune, ma grand-mère avait dû être belle. Sans même connaître les règles précises, je suivais les affrontements avec une telle attention qu'à la fin de la partie je me sentais épuisée. Mon rêve d'enfance, avant celui de devenir écrivain et paysanne, était de participer au concours national des échecs. Et en ce matin de printemps, seule et un peu déroutée par le parfum enivrant des plantes, rôdant sur les chemins ombragés et désertés par les joueurs, je sais que je suis venue porter le deuil. Le deuil d'une terre qui a en mon absence englouti ma grand-mère, et le deuil des échecs chinois.

Le parc n'a pas beaucoup changé depuis trente ans. Il a un aspect figé par rapport à la ville en transformation. Les gens que je croise ne parlent plus tous le dialecte de Shanghai, tandis que les plantes semblent être les mêmes. Dans un parc, ce qui compte, ce n'est pas la langue ni la tenue des passants, mais bien l'odeur de la terre et le bruit des pas sur les pavés secs ou humides. C'est probablement l'endroit que fréquentent le plus les étrangers de toutes sortes. À Montréal, par exemple, sur des bancs de pique-nique, on rencontre souvent des immigrants parlant des langues inconnues, ne pouvant s'offrir une voiture et encore moins un chalet. J'essaie de faire croire à mes parents que, comme tant de monde vit à l'étranger, il n'y a pas de vrais étrangers. Ou alors il n'y a jamais eu de vrais autochtones. Le besoin de s'envoler fait partie de notre nature profonde, il est au moins aussi fort que l'instinct de s'enraciner. Être étranger, au fond, ne demande pas de courage ni d'intelligence. Il s'agit presque toujours d'une nécessité impérieuse, intérieure ou pratique.

Mes parents disent qu'il est rare cependant qu'on écrive dans une langue que ses propres parents ne comprennent pas. Ils croient, sans le dire explicitement de peur de me faire mal, que je me suis imposé trop de fatigue, et aussi une immense solitude, car ils savent, mieux que moi, ô la force de l'âge, que de toute façon mon travail sera considéré essentiellement comme une autotraduction, et qu'en écrivant dans une langue étrangère sans vouloir prendre aucune position dans aucune langue, je me mets à l'écart de toutes les langues. Ils ont sans doute raison, mais elles me plaisent, malgré les instants de doute et de découragement, cette fatigue et cette solitude. C'est comme jouer aux échecs occidentaux. J'en connais à peine les conventions, par conséquent je n'ai pas peur du ridicule, et je jouis d'une liberté presque totale, du moins pour les premières versions de mes textes. De même, comme je n'ai pas pu lire tous les grands auteurs de tous les pays et de toutes les époques, cette lacune culturelle et ce manque de références me donnent l'impression d'être une feuille blanche, d'être presque un nouveau-né dans un *no man's land*, de n'avoir rien à « traduire », justement. Je crois que je n'ai pas assez vécu à Shanghai, j'y ai simplement dormi la plupart du temps. Les parcs me plaisent parce que ce sont des endroits endormants. Durant toute mon enfance on m'a demandé d'être une tortue qui marche et non pas un lapin qui dort. Mais je ne savais pas dans quel sens aller. En 1989, en arrivant à Montréal, et dans un cours de langue où je ne comprenais presque rien, alors j'ai eu le sentiment d'être très en retard. La conscience de ce retard empêche le sommeil, inspire le sentiment de l'urgence et commande la modestie. Il m'a fallu traverser un océan pour devenir une tortue.

24 avril

Chinoiseries encore

Le vieux quartier Cheng Huang Miao aussi est sans doute devenu un cliché cinématographique. Déjà, dans les années 80, lorsque de temps en temps je travaillais dans une agence de voyages pour m'exercer à parler mes langues, j'y ai amené d'innombrables groupes multicolores.

Avant la Libération, le vieux Shanghai représentait la rare prospérité en dehors des Concessions. Il ne jouissait pas de la même protection que celles-ci contre les aléas des guerres successives. Les citoyens en dehors des Concessions bénéficiaient d'avantages sociaux moindres. La survie et le succès dans de telles

conditions révèlent une énergie et un talent d'entre-
prise extraordinaires. Les problèmes existentiels aussi
étaient profonds. Je ne vais pas dans un tel endroit
pour nourrir un sentiment nationaliste. Le nationalisme me semble invincible en tant que sentiment
humain. Mais il ne devrait pas être pris pour un principe, une noble cause. Un nationalisme, quand il est
petit, a peut-être mille raisons et mérite mille fois la
compassion ; mais dès qu'il devient grand — tous les
nationalistes petits rêvent de devenir grands —, son
pouvoir peut être destructeur. Je viens ici pour voir
dans quel état se trouve aujourd'hui le vieux Shanghai.
Mon attachement particulier à ce quartier — je n'y ai
pourtant jamais habité — est surtout dû à ma gour-
mandise. Je suis contente d'avoir constaté que malgré
les rénovations nombreuses les ruelles restent étroites
comme autrefois, et que les goûters qui s'y vendent ont
encore un aspect authentique, peuvent toujours pro-
voquer en moi le vertige même qu'a causé la petite
madeleine au narrateur de la *Recherche*.

25 avril

Un premier départ

J'ai souvent pensé reprendre un jour les autobus qui,
autrefois, me ramenaient le dimanche soir au campus
de Foudan. Il semblait se trouver si loin de chez mes
parents que le trajet me faisait presque penser à un exil.

Je suis entrée dans cette université dite prestigieuse en 1979, peu de temps après la Révolution culturelle. J'ai dû passer le concours national, avec tous les jeunes de mon âge, et aussi avec un nombre important d'adultes, parce que dans leur jeunesse les études supérieures étaient abolies. Le taux d'admission était incroyablement faible. Les candidats devaient bûcher comme des fous. Aujourd'hui, quand je pense à Foudan, je pense à sa cantine. J'ai une grande envie d'aller y faire un tour. À l'époque, les repas qu'on nous servait étaient pires que médiocres, et souvent froids. J'avais toujours faim. J'ai été malade une fois, le médecin m'a demandé de rester un mois à la maison pour mieux manger. J'espère que les conditions se sont améliorées depuis. Et il y a l'inoubliable dortoir, si désordonné, si rempli de jeunesse, cette promiscuité qui avait provoqué tant de rires, de pleurs et de confidences parmi les jeunes filles. C'est là, sur l'un de ces lits superposés, qu'une nuit j'ai rêvé pour la première fois dans la langue de Molière.

Au département des langues étrangères, comme le nom l'indique, on nous encourageait à apprendre non pas une seule langue, mais plusieurs langues, et on n'oubliait pas le chinois, qui était obligatoire. On nous laissait entendre qu'il est possible d'apprendre toutes les langues, l'une n'étant jamais plus difficile ou plus laide que l'autre. La langue doit toujours être apprise. Je ne parlais pas le chinois à ma naissance. Je l'ai appris. À dix-huit ans, les études de langue française m'ont en quelque sorte ouvert un troisième œil. Je me disais que, si j'arrivais à penser dans une autre langue, il devait y avoir plus d'une réalité en moi, j'étais désormais plus qu'une Chinoise. Ou bien toutes les réalités que je portais en moi n'étaient peut-être pas les miennes seulement, et ceux qu'on n'appelle pas « chinois » le sont peut-être au fond. Dès lors, la notion de pays n'avait plus de signification réelle pour moi, sinon pragmatique. C'est devenu une question purement linguistique. Chaque langue est une patrie. C'est alors qu'a commencé mon grand voyage. Nous avions accès à des textes littéraires de différentes époques. J'avais l'impression de percevoir un océan à l'horizon, au bout d'une longue traversée du désert. Vu les circonstances de l'époque, ce sentiment n'était pas exagéré. Je tentais, sans grand espoir pourtant, de trouver une patrie véritable, celle qui conviendrait le mieux à ma réalité. Avant comme après mon départ de Shanghai, cette quête a toujours été menée dans les livres et dans la solitude. Le résultat est étonnant : elle me rapproche de plus en plus de ce que j'appelle l'état d'âme d'écrivain. Car la patrie véritable restant introuvable, je n'ai pas pu me débarrasser du *Rêve dans le pavillon rouge*. Je me demande si les patries ne sont pas illusoires, les unes comme les autres, si leur existence ne dépend pas de nos impressions changeantes, si la recherche d'une telle chose n'est pas en soi plus intéressante que sa découverte.

26 avril

Langue maternelle

J'ai suivi Georges jusqu'à mon école primaire. L'émotion était grande. Il est absolument attendrissant de voir ces enfants assis droits derrière le pupitre hurler leurs leçons de chinois. Il y a presque trente ans, je faisais exactement comme eux. Les cours de chinois égalaient pour moi des moments de récréation. La professeur de chinois était mon idole. Maintenant, elle doit être à la retraite.

La langue chinoise est en effet l'un des rares fils qui me relient encore à cette terre dont je ne suis plus citoyenne. J'ai dû renoncer à mon ancien passeport en acquérant la nationalité canadienne, puisque ma patrie natale ne reconnaît pas la double citoyenneté. En règle générale, ici comme ailleurs, un faux étranger semble toujours moins intéressant qu'un vrai. Un pays ne se soucie pas des expatriés. Comme elle le prétend toujours, la Chine est au service grandiose et pénible d'un peuple immense, et non pas des individus. Cela paraît tout à fait normal. Quand on aperçoit un oiseau dans le jardin, on remarque les détails de son plumage, la longueur de son bec, la vigueur de ses pattes, etc. On se fatigue beaucoup pour peu. Mais quand on en voit dix, on parle de la foule, de la race, de la nature commune, on lance une poignée de miettes de pain destinées à des estomacs identiques : la générosité vite accomplie. Ces jours-ci, justement, en marchant dans les rues de Shanghai, j'ai l'impression de devenir un oiseau parmi d'autres, un oiseau sans ailes et sans visage. Peut-être ai-je fait un faux pas en venant dans cette ville si chaude dans une saison où le Nord me conviendrait mieux. Néanmoins, les empreintes de mon enfance sont là, en toute saison, inscrites indéniablement sur l'un des pupitres de cette école, dans les voix pleines de force d'enfants qui pourraient être mes enfants, qui récitent impassiblement des phrases dont je connais toutes les indicibles subtilités. Et l'empreinte la plus profonde est évidemment celle de la langue. Je ne regrette pas du tout de ne plus être officiellement chinoise. Naître chinois au XXe siècle est à mon avis un grand malheur. Je considère mon départ de Shanghai il y a huit ans comme un geste suicidaire, ignorant toute chance de renaître. Mais la langue me poursuit comme un rêve tenace, un souvenir inéluctable, me laissant croire que le moi d'autrefois ne sera jamais tout à fait mort.

Je compte en effet aller visiter quelques librairies. Aujourd'hui, à part mes parents, ce qui de cette terre est encore capable de m'ébranler jusqu'aux larmes, ce n'est autre chose qu'une littérature écrite dans cette langue, avec sa beauté simple et son élégance subtile. Certains poèmes anciens, par exemple, que je souhaite encore connus par des élèves d'aujourd'hui, je les récite souvent. Ils me font aspirer à un monde si léger, si limpide, imprégné de spiritualité, dans lequel j'aurais aimé passer ma vie sans prendre la peine de me déplacer. Et la littérature contemporaine n'est pas à négliger non plus. Certaines œuvres, notamment celles surgies dans les années 80, telles des bouteilles de vin longtemps conservées, sont d'une originalité et d'une modernité étonnantes. Et elles me semblent intraduisibles. Je me retiens pour ne pas dire que toutes les littératures sont intraduisibles, que chaque langue a sa propre saveur dont on ne peut pas goûter la plénitude sans en connaître la morphologie et la syntaxe, ce qui est pourtant le fondement de mon grand rêve : lire, écrire et vivre dans le plus de langues possible. Du moins, pour l'instant, traduire des œuvres écrites en chinois, tout en préservant la qualité de l'écriture et la particularité du style, pose encore un défi énorme. Dans ce sens, je dirais qu'être chinois, ce n'est pas si infernal. La connaissance de la langue chinoise, pour moi, est un cadeau du ciel, le meilleur héritage qui soit.

28 avril

Fleuve Huangpu

Le bruit des sirènes, le va-et-vient des bateaux, l'odeur de la mer, tout cela semble avoir habité en moi depuis une éternité, avant ma naissance. Autrefois, je venais souvent me promener le long du Huangpu, pour écouter les murmures des amours, regarder des navires, sentir le vent arriver de loin, et rêver. Cet endroit attire tant d'amoureux qu'on dirait que l'amour est une forme de voyage, que la vie continue dans l'errance. En contemplant les vagues, il m'arrive de penser aux origines des êtres et des choses. Je les trouve sans formes. Elles coulent sans arrêt, se transforment à chaque instant. Si on bloquait les courants — les frontières sont faites pour cela —, le monde serait trempé et pourri dans des eaux mortes. L'existence des origines est une croyance, et non pas une réalité. La culture chinoise, par exemple, n'a jamais été purement chinoise. Comment décrire la civilisation des Han sans considérer l'importance du bouddhisme, sans parler des « routes de la soie », du mouvement du Quatre-Mai par lequel la langue chinoise est considérablement réformée et rendue plus que jamais « occidentale » sur le plan de la syntaxe ? Et puis, comment définir la civilisation américaine ainsi que son devenir ? Depuis la venue de mon enfant, je me demande souvent quelle est notre provenance et quel sera notre devenir. Serais-je moi-même l'origine de mon enfant ? Mais que cela pourrait-il bien signifier ? L'enfant éprouvera de la difficulté à parler chinois et à lire la poésie de l'époque Song. Il ne s'intéressera peut-être pas non plus à Flaubert ni à Rimbaud. Il aura sans doute autre chose à faire, que j'ignore. Et je préfère ainsi. À lui de se tracer un chemin, de trouver un sens à sa propre vie. L'enfant ne doit pas devenir la copie de ses parents. Ce serait triste si l'histoire ne savait que se répéter, si l'humanité cessait de se renouveler, si la terre était couverte non pas de fleurs mais seulement de racines. Je préfère alors penser que, comme il nous arrive de chercher partout une clé que nous tenons pourtant dans notre main, nous ne trouverons pas nos origines, car nous sommes notre propre origine. Chacun de nous est un mince ruisseau qui se jette dans la mer où se retrouve l'humanité entière.

La solitude qui résulte de ce détachement, de cet effort pour m'écarter un peu de ma terre natale, me semble essentielle au travail. Elle crée en moi la conscience de mes limites, me fait rendre compte de la relativité des valeurs, de la multiplicité des vérités. Il m'aurait été impossible d'écrire *La Mémoire de l'eau* et *Les Lettres chinoises* sans avoir quitté la Chine, du moins cela n'aurait pas été possible si je n'avais pas vécu une distanciation psychique plutôt que physique par rapport à ma vie antérieure, aussi bien que par rapport à celle que je mène aujourd'hui. Et *L'Ingratitude* tente justement de traiter de la férocité banale de la filiation et de l'aspect futile des racines.

30 avril

Quatre mille marches dans la « montagne Jaune »

[*La création*] *est le bouleversant témoignage de la seule dignité de l'homme : la révolte tenace contre sa condition, la persévérance dans un effort tenu pour stérile. Elle demande un effort quotidien, la maîtrise de soi, l'appréciation exacte dans les limites du vrai, la mesure et la force. Elle constitue une ascèse.*

ALBERT CAMUS

Le fait que les « quatre mille marches » menant au sommet du Huang Shan (la montagne Jaune) attirent sans cesse les visiteurs et les stimulent au lieu de les décourager fait penser au mythe de Sisyphe, car cela représente également une espèce d'héroïsme, un esprit que Rilke qualifie d'amour pour la difficulté. Quand Rilke dit : « Entre en toi-même et bâtis ta difficulté, [...] alors un jour Dieu entrera dans ta difficulté lorsqu'elle sera achevée », il n'était pas très loin du stoïcisme bouddhique. En fait, cette volonté de se dépasser, de faire des efforts extrêmes, ne m'est pas du tout étrangère. On en trouve des exemples dans les livres de Kongzi*. Kongzi dit que ceux qui réussissent leurs études deviennent des gentilshommes. Alors, pour vaincre le sommeil durant le travail, un élève allait jusqu'à s'attacher la tête à la poutre du toit, et un autre à se piquer la jambe avec un poinçon. Les poètes anciens, de leur côté, croyaient que la lecture de dix mille livres rendrait la plume divine. Or, ce qui différencie fondamentalement Sisyphe des moines bouddhiques, des élèves confucéens, des poètes de l'époque Tang et des touristes qui gravissent les quatre mille marches dans l'espoir de découvrir un paysage sublime, c'est que, contrairement à ces derniers qui comptent sur un avenir et dont les gestes sont plus ou moins utilitaires, Sisyphe poursuit un travail sans lendemain, sans but,

---

* Confucius.

puisque le rocher qu'il pousse vers le sommet retombera de toute façon. Et il en est conscient. Si le parcours des « quatre mille marches » peut être un drame, l'histoire de Sisyphe est une tragédie. Il n'y a rien de plus touchant, affirme Camus dans *Le Mythe de Sisyphe*, que cette conscience de la gratuité de son travail et ce courage d'assumer son destin. Cet essai de Camus sur Sisyphe est l'un des plus beaux textes que j'aie jamais lus sur la grandeur inutile de l'art. Sans dire combien l'auteur de *L'Étranger* a déjà attiré mon attention lorsque j'étais encore étudiante en Chine, que l'Occident n'était qu'une légende pour moi, et que le français me paraissait encore une langue absurde avec son excès de règles (conjugaisons, genres, nombres, temps, modes, c'était sans fin). Pour moi, jusqu'à aujourd'hui, Camus reste un modèle.

Il n'est peut-être pas très modeste de me comparer à Sisyphe, mais j'ai souvent l'impression de vivre un destin semblable, de mener une tâche aussi difficile parce que sans avenir. La langue française est cette pierre qui quelquefois m'échappe, d'autres fois me réconforte, mais jamais ne m'appartiendra de façon absolue. Les mots se moquent de moi et les phrases se décomposent dans ma tête. Quand je suis fatiguée, je confonds le jour et la nuit, l'Occident et l'Orient, et je me trompe de sons et de couleurs. À ces moments-là, j'éprouve la sensation étourdissante d'arriver au seuil d'une poétique, sinon de la folie. Il me faut alors revenir dans les dictionnaires et tout recommencer. Je ne serai jamais certaine de ma maîtrise de cette langue, c'est pourquoi elle me paraîtra toujours séduisante. Si la langue maternelle est une mère dont nous connaissons tant de détails mais de qui nous risquons d'ignorer jusqu'à l'âme, la langue seconde est un objet d'amour qui nous tient à distance et nous inspire le meilleur de nous-mêmes. Non seulement l'écriture dans une langue seconde est un travail digne de Sisyphe, mais la création en général l'est également. Comment pouvons-nous espérer que notre ouvrage, parfois sans même être apprécié dans l'immédiat, aura une valeur dans deux ans, dans cinquante ans, dans cent ans et plus ? Au sommet de la montagne le paysage doit être beau, mais en même temps il peut paraître médiocre à cause de notre trop grande espérance.

Il n'y a donc pas de but, puisque chaque but est un début. Il n'y a que des débuts. Il ne faut pas espérer ni attendre. Il s'agit de faire comme Sisyphe : se contenter de l'instantané du travail, aimer l'incertitude, être heureux de verser des sueurs à chaque pas, conserver le moral même en se retrouvant en bas de la pente. Quant à moi, il me suffit de travailler, de grimper les marches une à une, en me préoccupant de bien poser les pieds à chaque fois. Ce mouvement en soi m'apporte déjà de la joie. Si la création est une ascèse, l'écriture dans une langue étrangère me permettra peut-être de la connaître à un degré extrême.

2 mai

L'évanescence

La moindre nostalgie qui persiste encore en moi ne concerne que des choses archaïques et culinaires. À part les librairies, où je dois fouiller avec entêtement afin de trouver ce dont j'ai besoin, je suis attirée par toutes sortes de petits restaurants et magasins alimentaires. Mes amis de là-bas croient que je n'ai pas de défauts, parce que je ne bois ni ne fume, et ne manifeste aucun faible pour les sucreries. Et effectivement, en vivant dans le Nord où je ne trouve pas de petits goûters shanghaïens, j'ai l'impression d'acquérir une seconde nature, une sagesse ascétique qui consiste non seulement à me nourrir le plus sainement du monde, mais aussi à écrire avec précision et sobriété, parce que ma provision de vocabulaire est aussi pauvre que celle des goûters, et que je dois tenter le maximum avec le minimum de moyens, comme la poésie de l'époque Song qui s'imposait des règles extrêmes et qui donnait parfois des éclats au seuil de la transgression. De plus, dans une existence nouvelle, on pense à sa santé, on a besoin de temps et d'énergie pour tout apprendre et tout recommencer. Mais à peine arrivée dans cette ville, je recommence à faire des folies. Il m'est très difficile de résister au parfum du vinaigre de riz qui plane jusque dans la rue, annonçant un restaurant où l'on sert des rouleaux, des raviolis, des nouilles et des soupes, préparés sans beaucoup de souci esthétique ni sanitaire, à vrai dire, mais d'une manière qui me réconforte au plus profond de moi, presque maladivement, et me donne la sensation de me retrouver dans un berceau, sans plus de force pour me relever. Je suis malgré moi absorbée par des odeurs extrêmement riches et objectivement dégoûtantes parfois, les couleurs vertigineuses de la foule, et des bruits toujours assommants. Il faut que j'avale. Mon estomac est ces jours-ci rempli de choses trop grasses, trop salées. Je suis constamment étourdie. Je comprends pourquoi ici peu de gens lisent et écrivent, pourquoi dans cette ville je ne vois pas d'oiseaux, mais rien que des billets de banque omniprésents qui voltigent à leur place. De nouveau j'entends la vie passer à grands pas, la vie prodiguée, gaspillée et déchiquetée. Je deviens l'avalée des avalés, comme dit Réjean Ducharme. Et j'en suis heureuse, d'autant plus que cela ne durera pas, que nous resterons seulement quinze jours dans cet endroit où l'esprit et le corps doivent se débattre fort pour ne pas sombrer.

À présent je ne ressens aucun regret d'avoir quitté Shanghai. Ma vie d'autrefois devient un rêve évanescent, un paysage de Huan Shan où des montagnes entourées des brumes semblent d'une légèreté réelle. La peine de la rupture passée, il ne reste qu'à se saluer de loin avec calme et un peu d'amitié. De notre objet d'amour nous n'avons plus envie ni de critiquer les défauts ni de vanter les qualités, lorsque nous croyons que son existence nous est devenue moins essentielle, et nos retrouvailles moins nocives. Pour la première fois la ville de Shanghai me paraît ravissante, même exotique, et la langue chinoise me semble la plus belle

de toutes. Impression proustienne qui, « comme
elle permet de ne rien regretter », « nous donne un certain calme pour passer la vie et pour nous résigner à
la mort »*.

4 mai

———

* *À l'ombre des jeunes filles en fleurs*, Paris, Gallimard, coll.
« Bibliothèque de la Pléiade », t. II, p. 300.

L'errance

Il y a quelques années, j'ai quitté Shanghai. Je voulais sortir d'une réalité qui m'était trop proche, d'une existence qui me semblait réglée dès avant ma naissance. Je me suis engagée dans une voie qui devait me mener ailleurs et à une vie sans attaches. Mais aujourd'hui je réalise, non sans bonheur, que je me suis trompée, que je suis partie mais ne suis pas arrivée. Et peut-être n'arriverai-je jamais. L'ailleurs est cette étoile infiniment lointaine dont la lumière seulement vient caresser le visage usé du voyageur. Je me retourne alors en arrière, mais je ne vois plus mes traces. Elles ont été vite brouillées par les tourbillons du temps. Je me trouve à mi-chemin entre mon point de départ et mon ailleurs. Ma destinée est cassée en morceaux. Je suis et je ne suis pas.

Je vis désormais dans la mémoire ainsi que dans l'espérance. Mon âme court entre deux amants qui prennent chacun en main une partie de moi. Je me raconte des mensonges sincères, de même qu'aux autres, pour que je ne les abandonne pas et ne sois pas abandonnée. Je ne saurais vivre sans l'un ni l'autre.

L'absence physique de mon pays natal crée tout de même en moi un sentiment de rupture que la joie de l'errance ne fait pas oublier. Quelquefois j'aimerais aller m'étendre sur cette terre si familière et si haïssable, m'asseoir en fin d'après-midi au bord d'une de ces rivières dont l'odeur fait reculer le soleil. Mon départ étant irréversible, je marche malgré tout, me semble-t-il, vers mon étoile. Cela me suffit. L'important est de continuer à marcher mais non d'arriver réellement. Ceux qui veulent arriver quelque part aspirent à une terre particulière. Or toutes les terres ont tendance à nous repousser ou à nous enfermer. Partout où l'on va, on finit par se faire enterrer plus ou moins de la même façon. Je suis donc toujours sur mon chemin, en apprenant les langues de mon étoile pour m'approcher un peu d'elle. On existe, n'est-ce pas, dans la langue et par la langue. De même, en voyage, on se promène d'une langue à l'autre, à tel point qu'on oublie presque la sienne. J'emprunte les langues, sachant bien qu'elles ne sont pas les miennes et qu'elles me seront retirées à la moindre inattention de ma part. J'observe froide-ment le temps des verbes et le genre des choses. Je suis une éternelle étudiante en langues.

Ce que mon exil, c'est-à-dire mon apprentissage des langues m'a apporté, je ne l'échangerais contre rien au monde. Il m'a enseigné entre autres choses l'humi-lité, m'a fait comprendre qu'avec ou sans origines je ne suis rien du tout. Je croyais avoir un sol et une langue. Insatisfaite, je désirais un autre sol et une autre langue. Mais depuis mon départ je comprends que ces choses-là ne sont pas à ma portée. Elles ne sont pas faites pour les voyageurs comme moi. Elles n'existent qu'à l'intérieur des frontières, dans l'intimité des murs. Le sol et les langues sont comme des amants possessifs, il faut les toucher régulièrement, les caresser, les écouter, les complimenter, tourner autour d'eux et finir par les suivre dans on ne sait quel gouffre, car leur paradis n'est pas le mien. Ils ne supportent pas l'absence. On ne peut partir, les laisser seuls, créer des malentendus, car sinon on va les perdre, sinon ils se dérobent à toute vitesse. Je me sens désespérément éloignée d'eux. Je prends l'habitude du recul à leur égard. J'observe les uns en ayant conscience de la réalité des autres. Je les aime à distance, les contemple avec impuissance. Je les vois dans le miroir déformant de ma mémoire et de mon imagination. Je ne sais plus trop où est mon vrai sol et quelle est ma vraie langue. Le passé et l'avenir se confondent. Mes origines me semblent de ce fait multipliées, refaites et introuvables. Tout est devenu ailleurs. Mon étoile ressemble à une racine qui pourrait être la mienne mais que, du bout des doigts, je n'arrive pas à atteindre. Je flotte ainsi sur une mer où de nul côté je ne vois la rive. Grâce à cette solitude, le moi perd son importance ; et du coup, paradoxalement, je ne suis plus seule.

Octobre 1994

Sans titre

1

Tourmenté dans le cercueil de ma mémoire et n'en pouvant plus de mon mépris taciturne, vous voilà surgi dans mon miroir, quelque matin, ainsi qu'un habitué inattendu sous la lueur de l'aube provisoire, votre visage envahit mon visage, votre sang de nuit circule dans le couloir de mes veines encore fraîches, et à travers ma voix vous lâchez vos chants d'espoir, vos cris de colère, vos larmes deviennent alors mes larmes, et votre triomphe indéfinissable comme la couleur de ma chair endormie.

2

J'ai dit adieu à mon ombre et je suis partie de moi. Mon corps devient un ballon rempli de soupirs, la terre est son avenir, le roulement son destin, peu importe si une âme se perd en route, si une mémoire se fait écraser par les insouciantes roues. Car il est plus long que mon corps, ce chemin qui court vers moi sans âge.

3

Je vous préfère mort, autrefois, ailleurs. Laissez donc le sable jaune étouffer votre haleine, et les murmures blancs épuiser vos nerfs, et la rivière d'or noyer vos traces. Alors, dans cette fumée du temps je m'amuse, mon cœur insatiable se contente de l'impossible que vous êtes. L'heure est de finir cette peine, mon papillon crucifié, ma laideur aussi durable, que les saisons pour vous s'arrêtent et les frontières reculent sous vos pas, mais en descendant dans le piège de l'éternel il vous faut mourir à chaque instant et supporter des regards distants pour rejoindre un passé mortel. Dites-moi comment vous consoler davantage, mon amour déjà d'outre-monde, sinon achever cette agonie des siècles en vous plaçant dans une vitrine mirage.

Je vous préfère mort, autrefois, ailleurs.

1994

La charge

*Nous qui nous tenons à l'insaisissable point
d'intersection de tant de mondes différents
et contradictoires, il peut nous arriver
d'être surpris soudain par une charge sans
aucun rapport avec notre capacité et notre
usage : une charge étrangère.*

R. M. RILKE

On me demande souvent pourquoi j'écris en français.
Cette question semble désormais incontournable. J'ai
essayé en vain de me réfugier derrière les explications
détournées ainsi que dans le silence, consciente que par
mes réponses je projetterais une ombre inutile sur ceux
qui sont habitués à vivre dans la lumière. Mais puisque
la même question innocente reviendra inévitablement
me piquer au vif, je préfère y faire face une bonne fois
pour toutes.

À vrai dire, j'ignore comment le destin a pu me
nouer aussi fortement à la langue française. Tout m'est

arrivé par hasard, me semble-t-il. Ce doit être comme un grand amour que viendrait appauvrir toute explication. Je crois connaître en revanche la raison pour laquelle j'ai quitté le continent chinois, car, dans mon cas, le choix d'une terre implique l'abandon de l'autre. Cette trahison n'a jamais été définitive ni sans douleur, mais c'est une autre histoire. En fait, écrire en français peut être considéré, au moins au départ, comme un geste de révolte, plutôt inconscient, contre certains éléments de l'éducation que j'ai reçue dans la langue chinoise.

Je me demande bien si je possède une culture, moi qui ai grandi dans la révolution et qui fais partie d'une génération dite perdue. Mais avant moi combien d'autres générations ont été elles aussi ratées. Je continue de penser que les civilisations sont mortelles. La civilisation chinoise a atteint son sommet il y a environ mille ans, puis elle n'a cessé de se dégrader, de descendre la pente, de s'anéantir. Aujourd'hui elle n'est plus devant moi qu'un tas de ruines nostalgiques. Mes compatriotes n'ont que deux choses dans leur poche : le passé et l'avenir. Deux choses aussi insaisissables l'une que l'autre.

Je suis donc à la recherche d'un présent, depuis le jour où j'ai compris que ma culture est une culture d'outre-tombe et que sa résurrection sera aussi lente que son déclin. Je deviens une feuille solitaire qui rêve de se replanter ailleurs. Mes ancêtres disaient que les feuilles mortes devaient rejoindre leurs racines. Mais je me refuse à un sort aussi naturel et aussi banal. Par un coup de vent capricieux, je me suis laissé emporter jusqu'en Occident. Je me glisse dans une autre langue et espère y renaître.

Mon inquiétude est pourtant énorme. En voulant changer de langue, je risque de n'en posséder aucune. En désirant la renaissance, je suis menacée par le néant. Je me sens déjà punie par mon appétit de l'inconnu, mon impatience de vivre et mon ambition de sauter d'un monde à l'autre. Alors je saisis cette langue étrangère qui, à une certaine période, semble être le seul support de mon existence flottante. Je ne me sépare plus d'elle, j'écris.

Or, dès qu'on entre dans la pratique de l'écriture, la question « pourquoi écrire en telle langue » est vite dépassée par la réalité des choses. Il faudrait désormais poser la question autrement. Il faudrait plutôt se demander « pourquoi écrire » ou, mieux encore, « pourquoi ne pas écrire ».

Lorsque je prétends ne pas vivre pour écrire mais écrire pour survivre, j'espère, évidemment, pouvoir un jour cesser d'écrire, prendre retraite de cette tâche trop grande pour moi, me débarrasser du fardeau de mots toujours futiles et impuissants. Car, de plus en plus, cette activité semble venir alourdir mon existence que j'ai voulue légère, me tirer d'une agréable paresse qui m'était auparavant si naturelle, me dénaturer par conséquent, et m'entraîner hors de mes murs sans pour autant me libérer. Mais pour se sortir de la littérature, il faut de la certitude. Il faut croire que le bonheur est encore possible. Que la vie est possible.

Voilà la clé de tous les problèmes, ou de toutes les
grandeurs forcées.

Mais déjà profondément embarrassée par ce que
j'appelle un handicap mental, mon retard linguistique,
malade d'une nostalgie quelque peu refroidie dans
mon ventre comme un tombeau atténuant le paysage
printanier sur un tableau, nostalgie pour des choses
qui n'en valent pas la peine, comment rester en plus
indifférente à ma peau ? Oui, soyons francs et politiquement incorrects, de ma peau avec son insupportable couleur, cette laideur et cette honte ! Cette
empreinte des héritages inférieurs qui, même quand
je passe les frontières les plus généreuses où toutes
les injustices se déroulent dans la justice, peut attirer
les interrogatoires, encourager la fouille et abrutir
les cœurs hautement civilisés. Comment faire pour
renaître, avec une peau toute neuve, sans plaie et res-
pectable ? Sinon, comment ne pas écrire ?

Et même si j'arrive à faire abstraction de tout cela,
en m'imaginant dépasser le monde alors qu'en réalité le
monde comme toujours me dépasse, je dois encore
affronter mon propre corps qui est mon plus impi-
toyable ennemi. Ma chair perd son éclat un peu chaque
jour, je ne m'y trompe pas. Alors, par réflexe, je saisis ma
plume — cette chose si lourde et si incontrôlable —,
j'entasse les mots au risque de me briser le poignet, dans
l'espoir de construire un abri pour mon corps méprisable. Une espèce de bateau peut-être qui va à contre-
courant du temps. Pourvu que les mots gagnent en
force lorsque les tissus du corps se défont. Pourvu que.

À l'âge où je recevais mes premiers cours de chinois, j'ai déclaré : Je serai écrivain, mon nom sera connu et je vivrai aussi longtemps que mes livres ! Je croyais vaguement que ce qui était transcrit par le langage disparaissait moins vite. Je désirais l'éternel avant même d'en comprendre le contraire.

Mais maintenant, comme le pouvoir du langage me semble ébranlé — le bateau coulera tôt ou tard, le rocher de Sisyphe retombera tôt ou tard —, je songe moins à la survie de mon esprit qu'à l'épuisement de mon corps, qu'au simple mouvement d'écrire. Je ne désire que vivre pleinement cette vie actuelle, en me réfugiant le plus possible dans l'imaginaire, dans la recherche de l'impossible et dans les illusions désillusionnées, en inventant pour chacun des instants de ma vie un quelconque sens dramatique ou poétique, bref, en faisant de l'écriture non plus un moyen de relèvement, mais celui d'une consolation.

Mai 1995

Entre la fin et la naissance

> « *Les hommes éveillés, quels que soient
> leurs dissentiments, peuvent s'entendre : ils
> n'ont qu'un monde, mais les hommes
> endormis ont chacun son monde… c'est ce
> qui fait exister l'opposition, la politique et
> la haine.* »
>
> HÉRACLITE

Je suis devenue, du jour au lendemain, un écrivain
francophone, alors que je ne suis pas tout à fait francophone, que je vis la plupart du temps en chinois, que
si j'en avais l'occasion je pourrais très bien écrire
en anglais, en allemand, en italien, en russe, en arabe,
dans n'importe quelle langue, pourvu que j'écrive.
Au moment où je suis présentée comme écrivain
néo-québécois, j'ai le sentiment de devenir non seulement plus que jamais chinoise, mais encore une porte-
parole de la culture chinoise. Pour le public, je pense en
chinois, je me traduis du chinois, mes personnages
incarnent avant tout la tradition chinoise, mes romans

évoquent les cauchemars communistes. J'ai en vain tenté de me greffer un esprit d'éternel errant, de me créer un destin d'heureuse orpheline. Élevée dans une sorte de semi-bilinguisme — le shanghaïen et le mandarin —, frappée dès le plus jeune âge par la tension parfois hostile qui existait entre les Shanghaïens et les « autres », je rêvais et je rêve encore de franchir la barrière des langues, convaincue que toutes les cultures peuvent me nourrir, que je suis ma propre origine qui se forme, se disperse et se reforme au fur et à mesure que je voyage, que je suis moi avant d'être shanghaïenne, chinoise, québécoise, canadienne ou autre. Il s'agit de savoir se confondre dans le tout pour cultiver le soi, et ensuite plonger dans le soi pour comprendre le tout. Or, avec une gentillesse impassible, on finit toujours par me rappeler à l'ordre, ou bien en me clouant dans la terre où je vis — *Les Lettres chinoises* ont eu un succès étonnant, si on tient compte de la qualité et de la maturité de l'écriture, en librairie, que mes autres romans ne peuvent égaler, parce que le personnage principal exprime son attachement à sa nouvelle terre, sentiment que, tout compte fait, je partage pleinement —, ou bien en me renvoyant à la terre que j'ai quittée — la plupart de mes lecteurs fidèles ont un certain lien avec la Chine, beaucoup d'entre eux par exemple ont adopté une fille du continent chinois. Il me faut donc naître ou mourir. Dire quelque chose ou me taire. Comment ferais-je pour ne pas choisir, libérée de toute mission, publier pour ne dire presque rien, écrire par plaisir, par un souci purement esthétique ou par une inquiétude existentielle, m'attarder agréablement dans cet état neutre, un non-lieu inerte seulement que je souhaite rendre lumineux ?

Mes écrits semblent devoir donner une signification concrète, offrir une information utile. Par exemple, il y a des lecteurs qui, pour la première fois de leur vie, grâce à mes livres, se rendent compte que même les Chinois peuvent aussi vivre des émotions fortes, que ces humains aux yeux bridés sont des êtres. Mes livres jouent alors un rôle instructif auquel je ne m'attendais pas. C'est comme si j'étais en train de jouer du violon, que quelqu'un me posait une question sur l'instrument en le comparant aux autres violons, je m'arrête et j'essaie tant bien que mal de répondre à la question, ce n'est pas mon point fort mais cela fait partie du travail. Je ne suis pas encore complètement guérie de ce vieux conflit entre l'art pour l'art et l'art engagé, entre la conscience artistique et la conscience sociale des écrivains. Voilà la raison pour laquelle j'accepte de temps à autre de jouer un rôle qui ne me convient pas, après avoir parlé dans beaucoup d'endroits de l'immigration, de l'intégration, des chocs culturels, du charme de la langue française, de la nostalgie de la mère patrie, du régime communiste, de la situation des femmes chinoises, après avoir épuisé tous les sujets de ce genre propres aux écrivains dans ma situation. Je me force à participer, j'espère pouvoir faire quelque chose, malgré mes connaissances bien restreintes au sujet de la culture chinoise et d'autres cultures, malgré ma

réelle incompétence à analyser les phénomènes littéraires ou sociaux. Je ne saurai jamais parler du violon
techniquement.

Sans doute la tâche ne peut-elle que me dépasser,
puisque, même si certains de mes textes donnent à
croire à des sujets vastes, au fond je n'ai jamais parlé
que de moi. Je n'ai jamais été les personnages de mes
romans, mais mes personnages sont toujours impré-
gnés de mon âme. À notre époque d'une extrême
désindividualisation qu'on voudrait corriger en recou-
rant, à tort et à travers, au patriotisme, si la littérature
doit avoir un sens, c'est justement celui de cultiver une
vision du monde microscopique, de transformer si
possible le dialogue des cultures en des dialogues entre
des individus, sinon en monologues. Si aujourd'hui
nous sommes vingt personnes dans une salle, je ne
veux absolument pas nous diviser en deux groupes. Il
y a toujours au moins autant de raisons de réunir les
êtres que de les séparer. Je préfère alors écouter et peut-
être plus tard décrire dans un livre les voix de chacun
qui parle pour soi et non pas pour d'autres. Vingt voix
seront difficiles à traiter scientifiquement, la statistique
les réduira donc à une seule, ou à deux, selon le besoin,
toujours politique. Mais, pour un écrivain, vingt voix
comptent plus qu'une ou deux voix, et contiennent un
matériau d'écriture plus riche et plus authentique. Et
on va plus loin. Si dans un lieu déterminé s'élève un
conflit, celui qui oppose des groupes aura une force
mille fois plus désastreuse pour tous que celui qui
oppose des individus.

Je pense donc que le monde sera peut-être sauvé le jour où on distinguera moins entre les groupes qu'entre les individus. Voilà, je suppose, l'ultime but des dialogues interculturels, qui de toute évidence seront indispensables pour longtemps, tant qu'il y a encore des personnes qui s'étonnent que les Chinois sachent pleurer, tant que l'exotique a encore du charme. C'est un charme faux, car il provient du manque d'informations, de l'ignorance et de l'inaccoutumé. Le concert ne peut se poursuivre tant qu'on vient poser des questions sur l'instrument. La musique doit patienter. La littérature attend.

Mais alors la littérature attend sa propre fin. Car, si le monde pouvait être réellement sauvé, si le mépris et la honte étaient effacés, si tout le monde vivait désormais dans un grand village où régneraient l'harmonie et le bonheur, quelle serait la raison d'être de la littérature ? N'a-t-elle pas toujours vécu dans la douleur, dans l'espérance d'un dialogue impossible ? De ce point de vue, la nécessité actuelle des dialogues entre les individus et les groupes prouve bien que la littérature a encore une vie devant elle, encore un destin à suivre. Elle n'a existé en effet que dans un état indéfinissable, comme celui où je vis actuellement, c'est-à-dire entre la fin et la naissance. Elle ne peut pas vraiment mourir puisqu'elle n'est pas encore tout à fait née, puisque l'œuvre pure n'est pas encore sortie, et ne sera jamais.

Ainsi, tout compte fait, ce n'est pas si mauvais, c'est même rassurant, d'avoir l'occasion de dire aux non-Chinois que, oui, les Chinois eux aussi savent pleurer, et aux Chinois que, oui, les non-Chinois eux aussi savent retenir leurs larmes.

Octobre 1999

Fin des *Lettres chinoises*

Cher ami,

Si vous saviez combien votre lettre, venant de si loin, après un si long silence, m'a procuré d'abord de joie, m'a inspiré ensuite de trouble, d'autant plus que j'ai l'habitude d'accorder la plus grande attention à vos sentiments et à vos opinions.

Je suis contente que, tout en réussissant dans vos affaires, vous trouviez le temps de lire et de relire les paroles de Kongzi. Les deux activités devraient être hautement complémentaires, tant le lien entre elles semble fragile, tant le mépris de ce maître envers le commerce est manifeste.

Vous croyez que ceux qui ne lisent pas Kongzi ne sont pas de vrais Chinois. Je vous avoue que je ne l'ai pas relu depuis plus d'une décennie et ne compte pas le faire dans un avenir proche. C'est justement parce que je l'ai lu. Peut-être trop tôt, et avec trop de sérieux. Peut-être ne faut-il jamais lire Kongzi à l'âge de la révolte. L'enseignement de cet ancêtre m'a fait jadis

trembler d'indignation. Le souvenir m'en est encore vif
aujourd'hui. Vous venez de rouvrir en moi, cher ami
authentiquement chinois, une plaie que j'essaie de
guérir seule, dans un lieu où je crois que l'esprit
de notre aïeul ne règne pas. Je me rends compte tout
à coup que je n'ai pas su grandir, que je suis encore
cette petite fille émotive qui se met en colère même
contre un cadavre, une statue, que je ne suis pas encore
en paix. Le maître dit qu'à quarante ans on ne doit plus
connaître de confusion. J'aurai bientôt mes quarante
ans, et je ne trouve pas un terme autre que celui de
confusion, qui décrive mieux mon état d'esprit quotidien. Je ne deviendrai jamais une grande dame. Kongzi
l'avait su il y a deux mille ans. Il n'y a pas de dames
pour lui. Il n'y a que l'espèce femelle.

Et la lecture de ses paroles pour mes enfants
dès maintenant? Pour qu'ils deviennent de « petits
saints »? Pour que, grâce à cela, leur mère acquière le
statut de sainte? « Naturalisée », comme les Français
m'auraient désignée? Mais, vraiment, vous ne plaisan-
tez pas quand vous utilisez ce vocabulaire? D'où vient
soudain cette obsession de la sainteté? Je suis un peu
inquiète pour vous.

Vous semblez vous faire des soucis pour l'éducation morale de mes enfants qui ne sont pas nés sur
la terre de leurs ancêtres. Vous les imaginez en com-
pagnie de robots, efficaces mais sans âme. Je me rappelle que, jadis, vous vous préoccupiez peu de morale.
Mais maintenant vous nous traitez différemment
parce que nous sommes en Occident, nous cou-

rons le risque, plus que vous, de sombrer dans la décadence. Je ne sais que répondre à cela. Je ressens exactement le même sentiment d'impuissance chaque fois qu'un Occidental commente haut et fort le système politique de la Chine continentale. Je pense qu'on ne devrait pas juger un pays étranger à partir d'informations de seconde main. On ne peut pas formuler une opinion sensée tant que çe pays et son peuple nous sont étrangers, que nous ne daignons pas apprendre leur langue, que nous n'avons pas versé sueur et larme sur leur terre. Rassurez-vous : ma descendance tombée sur cette terre-ci ne sera pas particulièrement dépourvue de morale. Certes mes enfants ne liront pas tout de suite les paroles de Kongzi, ils n'auront pas à apprendre dès leur jeune âge la science de gouverner ni la nécessité d'obéir. Ils ne connaissent pas non plus la Bible qui a fait couler des torrents de sang. Mais ils savent déjà réciter beaucoup de poèmes chinois anciens, et ils regardent le film *Le Petit Prince*. *Le Petit Prince* est une leçon de morale par excellence, accessible aux enfants et aussi à moi. On y trouve le principe de l'Amour comme dans tous les livres saints, mais cette œuvre est d'une tendresse et d'une sensibilité sans égale, elle n'enseigne rien sauf l'art de vivre, elle questionne sans résoudre. Elle me plaît parce qu'au centre de l'histoire se trouve un enfant, et non un souverain.

Vous avez rêvé d'accomplir de grandes œuvres. Vous voulez être « utile ». Vous aimez penser loin. C'est très beau. Très touchant. Mais permettez-moi de ne pas vous comprendre, de ne pas être à la hauteur de votre espérance. Vous savez très bien que je suis toute petite, et votre souci de me grandir m'écrase.

Vous déplorez le fait qu'après la Révolution culturelle une élite ratée a quitté le continent de la Chine — vous reconnaissez quand même que le ratage a eu lieu avant le départ —, suivie avec seulement dix ans d'écart par une génération joyeusement et souvent secrètement enrichie. Vous considérez ces départs successifs comme une trahison de plus contre la belle tradition. Vous comparez ce geste au « mouvement du Quatre-Mai » du début du siècle, vous les jugez néfastes l'un comme l'autre. La Chine perd les cerveaux d'abord, l'argent ensuite. Vous ne distinguez même pas le désenchantement en 80 de la folie en 70, ni du pragmatisme en 90. Vous ne démêlez pas les causes des effets. Vous préférez les combattants aux évadés. « Une fois partie, dites-vous, cette élite est vite occidentalisée. » Comme vous n'êtes pas objectif à mon égard, vous n'avez pas su me classer autrement. Et nul n'ignore le sens profondément péjoratif du terme « occidentalisé », et le ton hautain de celui qui le prononce. Je suis partie, donc occidentalisée, éliminée, perdue, disparue, finie. Voilà le sort réservé aux traîtres dans l'histoire de tous les temps.

Pour me sauver de cette situation, pour m'élever un peu, vous me proposez une solution. Vous me voulez double ambassadeur. Vous êtes sûr que je ne suis citoyenne de nulle part, et vous n'hésiteriez pas à me condamner à l'éternelle errance. Ce que je suis intérieurement vous importe peu. L'individu ne compte pas dans le livre de Kongzi. Vous pensez que mon rôle est de représenter. Je suis si petite et les nations sont si grandes. Vous voulez que je vive pour quelque chose de plus grand que moi. Vous ne voulez pas que j'existe.

Beaucoup d'Occidentaux seront d'accord avec vous. Ils seront ravis de découvrir en moi des manies chinoises, et ils croient nécessaire de m'inviter au restaurant chinois, de me remettre de temps à autre des coupures de journaux sur la Chine, pour me consoler de ma solitude, de ma nostalgie, pour me rappeler mon origine, ma vraie place quoique perdue, ma vraie nature quoique dénaturée, en un mot, ma pitoyable condition d'exilée, de dissidente, d'étrangère. Ils prennent la précaution de m'épargner les nouvelles sur des réfugiés chinois affluant ici en bateaux. Car, si la différence est nette entre ces sympathiques amis et moi, « le corps ne peut pas tromper », comme on dit, qu'est-ce qui me distinguerait de ces réfugiés, fondamentalement ? Mes amis seraient aussi indignés que vous s'ils apprenaient que je ne lis plus Kongzi. Un Oriental « occidentalisé » n'a plus de charme, n'a aucune valeur. L'Occident, tout comme l'Orient, peut à la limite tolérer l'Autre, mais n'a pas besoin des transfigurés. Ces derniers sont des horreurs de la mondialisation. Le sujet est très chaud en ce moment, comme si la mondialisation était un événement, comme si elle n'avait pas été, depuis l'aurore de l'humanité, une loi naturelle, le processus inévitable dans l'évolution du monde. Les transfigurés linguistiques sont parfois l'exception dans un contexte politique donné. Le « politiquement correct » n'est que « politiquement nécessaire », pour les avertis. Cela suscite le mécontentement dans la masse, sans changer le fond des choses. Cela surtout n'améliore pas le sort de ceux de ma condition. Les étincelles et les flammes, que le « politiquement incorrect » en fin de compte ne peut étouffer, le « politiquement correct » viendra en achever la tâche, en les banalisant ou en les ridiculisant, avec parfois vraie bonne volonté et sympathie.

Vous voyez, sans traverser les frontières, sans connaître les langues des « autres », votre pensée s'accorde étrangement à celle des « étrangers ». La pensée est étrangement uniforme sur cette terre. L'espèce humaine aime la différence. On entend aujourd'hui, aux quatre coins du monde, ce même discours : « Nous sommes différents, notre langue est particulièrement belle, notre culture est particulièrement riche ou distinguée, notre nation est perpétuellement menacée de disparaître… » Et peu de gens osent dire le contraire. Cet amour de la différence est non seulement à la mode partout, mais elle devient un véritable leitmotiv du monde. On a voulu en vain diviser le monde en deux, ou en plusieurs camps. Le plan de la planète est différent selon l'angle où on l'aperçoit. Mais la planète reste telle qu'elle est. Le monde est de toute façon mondialisé.

Il y a quelque temps, j'ai eu une discussion — une dispute presque — avec un ami « très occidental », à propos de l'authenticité. Il m'a reproché de ne pas vouloir me livrer normalement. Et il pensait que ma réserve était typiquement chinoise, alors que la spontanéité était plutôt un caractère occidental. Mon raisonnement, c'est que même si la vérité absolue peut exister parfois selon la croyance de certains, on est encore loin de là. On est toujours à mi-chemin entre le vrai et le faux, avec notre plume comme avec notre corps. Si, dans le vacarme comme dans le silence, nous réussissons seulement à frôler une partie de la réalité, je préfère l'humilité de la réserve et redoute l'inconséquence de la spontanéité. C'est une question de tempérament. Il y a eu un problème de communication entre deux êtres. C'est selon moi un cas tout à fait banal dans le sens où cela peut arriver partout, à tous et à tout moment. Et on trouve des êtres réservés en Occident comme on trouve des expansifs en Chine. Mais parce que cet ami et moi nous ne sommes pas nés ni n'avons été élevés au même endroit, et peut-être pas de la même façon, la moindre discordance personnelle s'amplifie jusqu'à devenir une fracture culturelle, raciale, et parfois même idéologique. S'est creusé tout de suite entre cet ami et moi l'abîme qui sépare l'Occident et l'Orient, se sont élevés lentement entre nous un drapeau canadien et un drapeau chinois. Chaque geste que nous faisons témoigne de notre différence, chaque pas que nous tentons nous éloigne. Vivons ensemble avec notre différence ? Cela veut dire « vivons chacun

dans notre coin, restons dans notre culture d'origine, contentons-nous de nous apprécier de loin ». Et quelle sera la « culture d'origine » de mes pauvres petits ? Les paroles de Kongzi ?

En étalant ces choses crues, je ne vous scandalise pas plus que les Occidentaux, qui sont pour vous des étrangers purs et simples. Mais moi, depuis que j'ai quitté mon pays natal, depuis que je suis en route, je ne connais plus d'étrangers. Tous deviennent mes semblables, d'un bout de la route à l'autre, même lointains, même inaccessibles. Si ma solidarité envers eux est désormais inébranlable, l'amitié profonde n'est qu'une possibilité. Parce que j'ai laissé derrière moi un pays aussi vieux que Kongzi, parce que je suis sortie non pas d'un désert mais d'une ruine (ne sursautez pas, je vous prie, rien ne vous empêche de bâtir des palais sur cette ruine), la route sera longue pour moi. Je porte sur mes épaules le sac du passé, sur mon front le signe du redoutable inconnu. Mon voyage ressemble trop à une trahison pour vous, votre lettre me le faisant impitoyablement sentir, et à une invasion pour les arpenteurs minutieux.

Vous aussi vous êtes un arpenteur. Ce qui m'a frappée le plus fort dans votre lettre, ce qui a provoqué un bourdonnement dans mes oreilles, c'est une allusion que vous faites au territoire. Vous m'avez qualifiée de « *ji ju zhe* » dans le pays où je suis. Cette expression chinoise est un excellent exemple pour montrer l'efficacité désarmante de ma langue maternelle. Et elle assomme, avec sobriété, comme d'un coup de marteau. Ma compréhension du chinois est encore assez bonne pour que j'en souffre pleinement. *Ji ju zhe,* c'est quelqu'un qui habite honteusement, pitoyablement, de façon toujours temporaire, sous le toit des autres, à l'abri des lumières, pour partager les restes des repas, sans pour autant y contribuer en quoi que ce soit, tout comme des rongeurs. Un certain Français nommé Le Pen va adorer cette expression. Et il n'est pas le seul. Pas du tout. Il y a ses arrière-grands-parents et fort probablement ses arrière-petits-enfants. Votre lettre me fait réagir parce qu'elle a touché une partie de la réalité.

Lorsque l'avion décollait de l'aéroport de Shanghai, il y a douze ans déjà, je me suis dit : je suis comme morte, je vais tout recommencer ailleurs. À cette époque-là, on sortait du pays avec un visa d'étude, mais on savait que c'était presque définitif. Je n'avais nulle intention ni aucun besoin de naviguer. Il ne m'était absolument pas nécessaire de voir de mes propres yeux l'Occident, comme je l'ai prétendu à mes parents, noble prétexte pour les consoler, excuse romantique pour ma douloureuse fuite. L'odeur de l'eau est partout la même. Ma grand-mère m'en avait bien prévenue. Et la lecture des grands textes occidentaux me l'avait confirmé. Je cherchais un port, tout simplement. Pas de champ de bataille, pas de ruines anciennes, pas de chantiers en construction. Mais un jardin. Là où je suis née et où j'ai grandi, roule un mélange de poussière ancienne et moderne qui me déroute et m'étouffe parfois. Alors je suis partie. Pour me décrasser les poumons.

Pourtant je n'aime pas les départs et les voyages. J'ai toujours voulu un point d'attache, une habitude. Tout ce qui m'est familier me touche, me retient. Personne aujourd'hui ne croit à mon tempérament profondément sédentaire. Car je ne cesse de manifester ma répugnance envers les racines en même temps que mon admiration pour les oiseaux apparemment libres. Je loue les oiseaux, leur qualité que je ne possède pas. Je n'ai plus d'ailes, après avoir si longtemps vécu parmi des ruines. Je me demande si elles n'ont pas été laissées dans mon berceau. Kongzi nous a-t-il jamais encouragés à quitter le sol, à planer vers le haut ? Nous savons tous que le ciel était réservé aux souverains. Lorsque, en cet inoubliable dimanche après-midi froid et sombre, par le hublot de l'avion je regardais disparaître un à un les bâtiments, les champs, les frontières, les montagnes et l'océan, je n'ai pas éprouvé la légèreté de la chose. J'ai eu un instant peur que l'avion ne s'écrase. Pourvu qu'il ne retombe pas sur le territoire shanghaïen, me suis-je dit. Je voulais que le départ soit accompli. Je préférais mourir ailleurs. Dans l'océan, pourquoi pas. Je me sentais lourde, j'avais l'impression d'être une plante précautionneusement arrachée, qui portait encore en elle son petit monde, avec toute la dureté de sa racine, avec, dans la terre qui l'enrobait encore, toute la complexité des éléments. À presque vingt-huit ans, je n'étais plus une jeune tige qui se transplante facilement. Il n'est donc pas étonnant que les paroles de Kongzi me troublent aujourd'hui encore, et que je ne puisse vivre comme un *ji ju zhe*. Je n'ai plus ni le courage ni la force des vrais nomades. Me surviendrait-il une nouvelle transplantation ou replantation, je crois que j'en mourrais.

Je ne me contente donc pas d'un passage. J'aspire à un vrai destin. Un destin de racine. J'aime l'Amérique, le Canada en particulier. Je le dis sans rougir. Je cours un risque en faisant cet aveu. Je vais paraître campagnarde aux yeux des Européens si raffinés, si vieux, et même un peu révoltante dans le sens où je suis fille des colonisés et attirée malgré moi par l'impossible Europe, le berceau d'une culture rigoureuse et inépuisable. De ce fait, mon cher ami, vous me traiteriez de « chienne sans os », maintenant je sais que vous en êtes capable. J'aime ce continent nordique, mon corps ne tolérant pas la chaleur. J'ai choisi cette terre pour des raisons presque enfantines et capricieuses qui justifient difficilement le geste de se déraciner. Ce pas que j'ai entamé sans trop réfléchir, sous la pulsion d'un sang encore jeune, implique, il est vrai, malgré toutes les promesses apparentes, des conséquences graves pour moi et aussi pour l'avenir de mes enfants. J'y reviendrai. Mais ici, au moins, la terre est encore verte et le ciel est bleu. Un enfant en Chine connaît-il cela, le ciel bleu? Et la lune est démesurément grande, comme on la trouve dans les dessins. Les trottoirs sont très propres. Nulle part ailleurs je n'ai vu autant de visages souriants. Ici, on fait rarement la queue. Et l'on ne s'emporte pas pour un rien. C'est important. Nous sommes calmes quand les autres le sont aussi. Il faut garder au moins l'apparence du calme, il faut un peu de politesse, de distance, afin de partager intelligemment la planète sans trop se heurter. Cela paraît très confucianiste. L'ambition de Kongzi était de corriger notre nature, de réprimer nos instincts. C'est ce qui le rend haïssable, et aussi éternel, car notre nature ne change pas. Les chats aiment chasser et marquer leur territoire, même quand ce n'est plus vraiment nécessaire, même quand c'est absolument impossible. Ici vit un peuple déraciné. Il ne le reconnaît plus, ayant vite clôturé son terrain, mais les autres le savent. Les autres, des continents plus vieux, n'oublient pas la question de l'âge. Quand l'avenir n'est pas sûr, le passé sert de carte. Je suis heureuse de me trouver parmi ceux qui ne peuvent pas vraiment regarder en arrière, qui sont lancés dans le présent. Connaissez-vous d'ailleurs de vrais autochtones ? Au commencement était le désert. Comme Shanghai, il y a cent ans. Et les archéologues nous disent que deux mille ans ne sont qu'un clin d'œil. Deux mille ans de civilisation, une étoile filante. Et pour combien de temps serai-je encore sur cette terre ? Pourquoi me ferais-je tant de soucis, me demanderais-je quelle terre appartient à qui ? Les enfants. Mes petits m'empêchent de dormir d'un sommeil serein. Ils portent mes gènes, ils sont visibles. On ne manquera pas de leur poser la question : Mais d'où venez-vous ? Je vois déjà une ombre couvrir soudainement leur jeune visage, ternir leur peau fraîche, je ressens déjà leur désarroi. Cela ne va pas tarder à se produire. Et je m'en sens responsable.

Le Canada est le pays natal de Bethune*. Mais n'allez pas croire que Bethune puisse représenter ce pays.  En fait, personne, aussi grandiose que soit son destin, ne peut jamais rien représenter. Vous seriez étonné de voir qu'il est presque totalement inconnu dans mon entourage. Une modeste statue au centre-ville de Montréal, près de l'université Concordia, et un film sur lui, c'est tout. Pourtant il n'est pas seulement un héros chinois. Il n'a pas seulement sauvé la vie des soldats chinois qui très souvent se trouvaient sous les feux de la guerre non pas pour un idéal quelconque mais simplement pour obtenir en échange de leur jeune sang de quoi se nourrir et s'habiller. Quand les survivants de ces soldats auront gagné leur guerre et seront devenus du jour au lendemain les maîtres, eux et leurs enfants vont précipiter le pays dans un sens qui représente leurs réalités à eux, des réalités amplifiées à outrance à cause du pouvoir, c'est-à-dire l'anti-culture et le pragmatisme. Mais cela ne peut en rien entamer l'héroïsme de Bethune. Bethune a aussi travaillé pour ses compatriotes. C'est lui qui a concrètement lutté pour un système de santé gratuit et universel, l'un des meilleurs systèmes au monde à son époque, meilleur maintenant encore malgré les nouveaux problèmes — quel système n'a pas de problème ? allons observer un peu le système de santé américain et écouter un peu

---

* Norman Bethune (1890-1939), scientifique canadien (chirurgie et médecine) qui s'engagea lors de la guerre d'Espagne et en 1938 dans l'Armée rouge auprès de Mao Zedong.

les assurés seulement, sans mentionner la masse clandestine sans protection —, meilleur qu'en Chine en tout cas, ce dont les Canadiens se réjouissent aujourd'hui tout en se plaignant, et ce à quoi les réfugiés rêvent en risquant leur vie dans les bateaux. Mais Bethune est parti. De l'autre côté de l'océan, un quart de la population humaine le connaît. De son pays natal, il a disparu. Il y en a qui le croient suicidé, ou suicidaire, en se jetant dans le vaste Orient.

Ainsi, selon l'usage, comme pour marquer la fin de mon vagabondage, je suis allée solennellement chanter un air devant une feuille d'érable. La cérémonie m'a rappelé mon enfance, l'époque où, avant la gymnastique matinale, nous restions en rang dans la grande cour de l'école et, debout, le nez en l'air, nous assistions à la montée du drapeau aux cinq étoiles, nos petites oreilles remplies de l'hymne national. J'aime les rites. J'éprouve autant d'émotion en assistant à une messe que lorsque je me rends dans un temple bouddhique. Sans être religieuse pourtant. Le doute et le questionnement me retiennent sur un chemin qui mène vers une lumière que je peux qualifier d'espoir, peut-être, dans le meilleur des cas, mais non pas vers une vérité ultime. Je n'y serai jamais. J'ai donc failli pleurer devant cette feuille d'érable qui, je le savais, représente une chose tout à fait vague, mais qui a un aspect malgré tout concret. Vous savez que je dramatise tout. J'ai poussé un soupir de soulagement, en me disant : ça y est, je suis là, je n'aurai plus jamais à marcher comme une héroïne sur un chemin aride et sous un ciel banalement universel, je vais pouvoir me blottir contre ma petite lampe dans mon petit nid, en paix. J'avais l'impression d'entrer tout à coup dans une famille où les parents étaient invisibles, où régnaient les frères et sœurs inconnus avec des codes inconnus, où je devenais plus que jamais fragilisée, avais plus que jamais envie de plaire. J'étais dans la trentaine, mais je me sentais réduite à trois ans seulement, il y avait encore tant de choses à apprendre, à découvrir.

Et, en 1992, mon premier livre était sur les étalages des librairies. Il porte mon nom, mais tant d'autres y ont prêté leur main, parmi lesquels le professeur Yvon Rivard, l'écrivain André Major et l'éditeur Pierre Filion. Je leur suis éternellement reconnaissante. Je n'ai pas à vous dire ce que cet événement signifie pour moi. Je crois que je me ressemble le plus quand j'écris. Je remercie tous ceux qui acceptent et parfois apprécient le vrai moi. Ce n'était pas un dialogue, ni une communication comme vous et beaucoup d'autres l'avez cru. Je n'ai aucun message à livrer, aucune particularité chinoise à étaler. Je ne m'adresse pas au monde extérieur, mais m'achemine vers l'intérieur. Je veux simplement me rapprocher du moi, explorer tant bien que mal sa réalité évanescente et sans cesse renouvelée, descendre encore et encore dans la profondeur du moi, dans la profondeur de la terre où les frontières ne sont pas tracées, où la langue même n'est plus importante puisqu'on s'approche de l'essence de la langue — il m'arrive, quand les mots coulent bien, de ne plus savoir en quelle langue ils me viennent, tellement je suis transportée par le geste mécanique et presque inconscient de taper sur le clavier. Et c'est dans cet état-là que je souhaite pouvoir enfin rencontrer le moi en même temps que l'Autre. La publication de mon premier livre marque une telle rencontre. Une rencontre avec des êtres rares, certes, nous ne pouvons pas espérer que tout le monde lise nos livres et en plus de la même façon. Surtout qu'un livre comme tout un chacun a ses limites. Mais cette rencontre a eu lieu, j'en suis convaincue et j'ai été heureuse. Il nous est facile de décrire notre solitude, parce qu'elle est fondamentale et perpétuelle. Mais comment décrire cet instant de vrai bonheur si court et si intense ? Il ressemble à une étincelle, qui réunit en elle notre espérance de tout temps, notre désir du passé aussi bien que notre élan présent, et qui a donc le pouvoir d'illuminer notre vie entière, future comme antérieure. Et même bientôt éteinte, le tendre souvenir de cette étincelle restera en nous pour nous réchauffer le cœur dans les moments difficiles.

Les moments difficiles, cela, vous l'avez deviné, ne manquent pas. Je vais ici en raconter un, sachant que notre amitié s'achève aujourd'hui, que vous n'aurez plus l'occasion d'avoir pitié de moi, de me dire que mes problèmes, je les ai cherchés… Notre proverbe dit : Quand on plante un arbre, on en mange le fruit quel que soit son goût. C'est ce que j'ai appris à faire maintenant. Je déguste à quarante ans le fruit de mon geste de trente ans. Mes enfants, qui ne savent rien encore, vont le partager avec moi. Et ce fruit qui n'est pas toujours sucré, qui connaît la nature de son pouvoir ?

Peu de temps après les heureux événements, diplôme et livres et citoyenneté, etc., il m'est arrivé une chose qui m'a fait chuter du nuage où, pendant un temps, je me laissais porter en toute quiétude.

J'ai été invitée à une conférence, en tant qu'écrivain canadien, vers l'année 1994 je crois. J'ai dû voyager pour la première fois avec mon passeport tout neuf qui sentait encore le parfum du papier frais. Mon passeport chinois n'était plus valide. Auparavant il avait suscité beaucoup d'attention. La circonstance était telle, je pouvais comprendre. Mais cette fois-ci je pensais que je n'avais rien à craindre. J'avais l'un des meilleurs passeports au monde. Vous voyez que je raisonne toujours très mal, bientôt mes enfants le feront mieux que moi. J'avais négligé le fait que le lieu de ma naissance était indiqué sur mon passeport, que le signe du danger était inscrit sur ma figure. À mon retour, à l'aéroport de Toronto, le temps d'une escale, on m'a arrêtée, questionnée et fouillée. Ce jour-là, en arrivant à Toronto, j'avais justement remarqué une atmosphère étrange aux douanes. Au guichet d'entrée, à ce poste extrêmement visible, les fonctionnaires chargés d'examiner les poches et les sacs étaient uniquement des « gens de couleur ». Et le local de la fouille, la plupart du temps et ironiquement, était aussi destiné aux « gens de couleur ». Je n'ai pas vu une seule personne « sans couleur » qui y soit appelée. La chose ne m'est pas tout à fait inconnue, mais ce jour-là elle se montrait avec

une netteté frappante. Un hasard ? Le politiquement à
la fois correct et incorrect ? Une harmonie et une cohé-
rence parfaite dans la pratique douanière ? J'ai tout à
coup compris qu'il existe une solide politique bien
réfléchie à l'égard des immigrants, appliquée avec une
infaillible machine, soutenue par une vaste et vieille
croyance. Et cette politique parfois pouvait me concer-
ner, même moi. La politique s'y prend toujours avec
plus de verve à l'égard des apolitiques ou des politiquement faibles, parce qu'elle y est moins risquée.

D'abord on m'a éloignée de la foule enviable. Je me
suis retournée un instant dans l'obscur couloir pour
regarder les autres avancer dans la lumière. De la pitié
et du secours ! ai-je hurlé en silence. Je ne suis qu'une
femme ordinaire, très ordinaire. Si je n'ai pas du sang
comme il faut, je suis encore tout à fait convertible,
assimilable ! Je pourrais faire opérer mes yeux bridés,
rehausser mon nez, teindre mes cheveux et ma peau,
comme beaucoup l'ont déjà fait. Maintenant je souhaite me diminuer, m'anéantir, disparaître. Mais je ne
vous comprends pas, Monsieur le douanier, vous
paraissez aussi nerveux que moi. Ne voyez-vous donc
pas qu'on vous admire, qu'on reconnaît malgré tout la
grandeur de votre civilisation, la supériorité de votre
système, l'infaillibilité de votre intelligence, la beauté
de votre corps et surtout de votre peau, que le monde
entier est en train de suivre vos pas, d'apprendre vos
langues et d'adopter votre façon de faire ? Mais de quoi
avez-vous encore peur ? Pourquoi ne voit-on pas en
vous la grâce des vainqueurs ?

On m'a demandé ce que je pouvais bien faire « toute seule » dans ce voyage, ce qui m'a plongée dans un mutisme qui m'est défavorable, tant mon ahurissement était complet devant ce langage. Je suis devenue idiote sous le choc, comme une bête s'immobilise face à un danger imminent. Ensuite on m'a indiqué une porte secrète. J'y suis entrée. C'était une pièce sombre sans fenêtre. La prison ne devait pas être loin. Je frissonnais. Un policier m'attendait là. Un homme très grand, et armé. Sa voix dure comme l'acier m'a empêchée de m'effondrer. « *Put it here!* » m'a-t-il dit. Il voulait que j'élève ma valise sur une sorte de tablette, à une hauteur qui lui permettait de toucher la valise sans courber trop son dos magistral. « *Open it.* » Et comme j'ai hésité, il a répété : « *Open it!* » Il n'a pas dit « *please* ». C'était donc un tutoiement. Non pas un tutoiement québécois, naturel et simple. Mais un tutoiement de provocation, d'insolence et de mépris. Tous ceux qui ont survécu à la Révolution culturelle reconnaîtraient ce ton sans se tromper. Après avoir vainement mis sa main immense dans mes affaires intimes, le policier s'est contenté de dire : « *The door is over there.* » Sans aucune formule de politesse. Et il s'est éloigné, le dos très droit et la tête haute. J'ai eu le temps de remarquer qu'il était presque beau, hélas. Les muscles sur le visage paraissaient fermes et pleins de conviction et d'assurance. Les boutiques de luxe à Shanghai le recruteraient comme mannequin et le rétribueraient grassement. Les boutiques shanghaïennes n'aiment pas les mannequins chinois. Est-ce pour cette raison, mon cher ami, que vous éprouvez tout à coup le besoin de faire appel à notre ancêtre ? Quelle importance, et quel rapport ? vous me direz. Je le sais. Mais je ne vis pas toujours dans le fond de la terre. Me voici saisie à la surface. Je dois suivre la loi de la surface. Je souhaitais trouver sur son front des traces de stupidité ou de monstruosité, pour que je puisse le dédaigner. Et ce visage sans défaut m'a fait d'autant plus de peine. Aussitôt libérée, j'ai couru vers un miroir. Vous devinez ce que j'ai vu ce jour-là dans le miroir ? La stupidité et la monstruosité justement. Et je me suis écroulée un temps sur une banquette, corps et âme abattus. Mes amis d'ici me croiront hypersensible, ils me diront que cela peut arriver à tout le monde. Ils m'en donneront même des exemples. Ils ne comprennent pas. Ce que j'ai traversé était une situation authentique, nue, où une autorité et un sujet, l'un armé et l'autre désarmé, un homme et une femme, se faisaient face sans témoin, entre les murs, dans une condition absolue et incontestable, se dévoilant sans scrupule et sans maquillage, où chaque parole et chaque geste étaient chargés d'une tension vraie, presque historique, indicible et toutefois claire pour tous les deux. Une tension qui n'affecte pas seulement notre raison, mais touche d'abord nos sens. C'est alors que nous sommes sûrs de la chose. Seuls ceux qui ont connu une telle expérience comprennent çe que je veux dire.

En 1994, je n'avais que cinq ans dans ma nouvelle vie, j'avais terriblement besoin de bras. Le souvenir de l'enfance est difficile à effacer, le souvenir de cette brutale rencontre avec un policier à l'aéroport va m'accompagner jusqu'à la fin.

Depuis, je suis de nouveau en route. Ceux qui ne connaissent pas ma condition pourraient croire que voyager est ma seconde nature. Il m'arrive de devoir m'arrêter aux frontières et de sortir mon passeport canadien, en hésitant. Maintenant j'ai moi-même un doute envers ce passeport qui ne m'inspire plus de fierté. Il ne semble pas avoir la même valeur que celui des autres. Alors la peur me saisit à chaque fois. Et après chaque interrogatoire douanier, j'ai besoin de m'asseoir un moment.

Je décide de ne pas vous envoyer cette lettre, mon cher ami, pour ne plus recevoir de lettres de vous. Je l'écris dans une langue que vous ne comprenez pas, voici l'une des utilités de connaître d'autres langues. Votre lettre m'a touchée au vif, et elle m'a obligée à faire, un peu trop tôt peut-être, le point sur mon parcours. J'essaie de voir clair dans ce que j'aurais pu avoir et ce que je n'ai pas, ce que j'aurais pu donner et ce que j'ai perdu, dans le passé comme dans le présent, sur votre territoire comme sur d'autres. Je n'aime pas vous montrer un tel bilan. Vous le prendriez pour une preuve d'échec. Mais je n'ai ni échoué ni réussi. Je ne raisonne pas en ces termes. J'ai vécu des instants de joie, des moments de désolation et des années de solitude, c'est tout. Aurais-je vécu dans un autre endroit, serais-je restée à Shanghai, le bilan ne serait pas meilleur, probablement pire. Il m'est important de pouvoir choisir. J'ai vécu longtemps en Chine, mais je ne l'ai pas choisi. J'ai même eu des difficultés pour en sortir, étant donné le contexte de l'époque. Voilà le problème. Maintenant, au moins, je vis dans un lieu de mon propre choix. J'ai même eu la hardiesse de m'y reproduire. Si parfois au sujet de cet acte je questionne ma conscience, me demandant si une femme a bien le droit d'avoir des enfants quand elle n'a même pas acquis un terrain solide, je n'ai à aucun moment regretté de rendre mes enfants canadiens. Ils n'auront pas de culture ancestrale à vanter, à défendre et à vendre. Ils ne pourront aller nulle part ailleurs de façon définitive, car, je crois, ils ne trouveront pas une autre terre qui leur sera plus favorable. Tout est très relatif. Vous direz que je ne suis pas objective. C'est peut-être vrai. On ne peut pas rester objectif envers un endroit où sa coquille sinon son âme s'est reposée déjà pendant des années. Quel vagabond ne rêve pas d'un toit, d'un nid, d'une tombe ? Et tant qu'il y a des enfants, il y a de l'espoir.

Ainsi, douze ans après la chute de ma coquille sur cette terre, je marche encore vers elle. J'habite sur une terre qui m'est très lointaine. Parfois je me sens un peu lasse, mais je n'ose pas m'arrêter. Je connais mon destin maintenant : aussi longtemps que je respire, je serai en route et n'aurai pas de repos. En croisant sur la route quelqu'un qui me demande d'où je viens, question que je trouve naturelle et normale, il m'est facile de lui répondre : « Je suis née en Chine mais je viens du Canada. » Mais quand l'un de mes voisins actuels me demande d'où je viens, j'éprouve de la peine. Les quasi vingt-huit ans de mes vicissitudes chinoises surgissent tout à coup dans ma tête, les paroles de Kongzi reviennent résonner à mes oreilles, je me sens repoussée dans la terre à laquelle j'ai tout fait pour m'arracher afin de devenir moi-même, car la personne qui pose cette question généralement ne s'intéresse pas à moi, mais à la Chine, et elle ne manquera pas d'orienter la conversation dans ce sens. Je suis censée dans ce cas-là rester à l'ombre d'un drapeau qui géographiquement se trouve si loin de moi, qui représente si peu ma vie actuelle, et encore moins celle de mes enfants. N'allez pas croire, mon ami, que le sort des Chinois me soit indifférent. Au contraire. Il occupe en moi une place au même titre que celui des Africains, des Européens, etc. Seulement je n'ai pas l'ambition de confondre mon propre sort avec celui d'un peuple entier. Je ne le ferais en aucun cas. Je ne fais pas partie d'une nation quelconque. Seule sur mon chemin, je marche non pas d'un pays à l'autre, mais d'un lieu à l'autre. Le mot « patrie » a dû sortir de mon vocabulaire du moment où j'ai quitté Shanghai. Le patriotisme sous toutes ses formes m'ennuie, parce que j'en ai souffert. J'ai été pendant toute mon enfance et adolescence isolée du reste de la planète au nom du patriotisme — c'était un patriotisme un peu forcé bien sûr, la Chine à l'époque était « punie » comme l'est aujourd'hui Cuba. J'ai été fouillée comme une ennemie, une espionne ou une trafiquante de drogue à l'aéroport de Toronto par un homme sans doute patriotique jusqu'aux os. Qu'on m'épargne tout cela.

Même si une seconde naissance n'est qu'une pièce

de théâtre, je compte la jouer jusqu'au bout. J'ai peut-être deux identités comme on me le dit, mais je n'ai qu'un passeport. C'est un fait important. Ce sont des faits concrets qui font ce que nous sommes. L'origine est un luxe auquel les êtres comme moi ne doivent plus rêver. On n'arrive pas à la conserver longtemps dans notre poche parce que celle-ci s'use forcément avec le temps, parce que notre mémoire peut être trouée. On devient des arbres mouvants dont les racines se croisent et se perdent. On se transforme en une autre espèce. Peut-être l'a-t-on toujours été, dès le commencement, avant même la dérive. Et cette espèce nouvelle, chaque jour grandissante en nombre, roule sur un chemin malgré tout solitaire, malgré tout ancien, sans destination précise, qui se contente d'approximations, puisque sa propre identité est perpétuellement en devenir.

Mais à cause de ma nature paresseuse, j'ai besoin d'un motif pour continuer, je veux savoir où aller, de façon précise, pour poser mes pas quotidiennement. Alors j'essaie de penser que je m'approche chaque jour davantage de la terre à laquelle je vais confier mes enfants, que je dois tout de même rejoindre ma propre coquille pour accomplir ma destinée. Je crois que j'ai laissé derrière moi le lieu de ma naissance et je m'avance maintenant vers le lieu de ma fin. Je suis heureuse de savoir à peu près où je vais finir. Ce n'est pas toujours facile dans la poussière de la route. J'aimerais que là où je vais me reposer il n'y ait pas de drapeau ni de pamphlet ni de fleur, mais que se trouvent à proximité la mer, le sable et une herbe sans nom.

À vous mes fidèles pensées que je ne vous envoie pas, que je conserve.

Mai 2000

L'autotraduction

L'autotraduction est non seulement un exercice de style, mais aussi et surtout un moyen de survie linguistique. J'espère qu'un tel exercice m'éclairera sur les conséquences de mon passage d'une langue à l'autre, et sur la nature même d'un tel passage. Il ne s'agit pas de conséquences émotionnelles, toujours complexes, toujours pathétiques, cela va sans dire. Je me limiterai à décrire les conséquences littéraires, sachant néanmoins que les unes et les autres sont difficilement dissociables.

Avant de me mettre à traduire un texte, j'ai une idée très claire dans la tête : je traduis mais je ne traduis pas. J'ai devant moi un texte déjà écrit en français dont je dois respecter le fond et la forme, selon la règle du jeu de la traduction. Mais je suis disposée à traiter la version en chinois comme une version originale, comme si c'était aussi le premier flot de mots qui sort de mon esprit sans intermédiaire, comme si j'écrivais le même texte une seconde fois. En fait cela peut être l'objectif de beaucoup de traducteurs. Mais je m'oblige, avec entêtement, à faire une distinction entre la traduction et l'autotraduction. Je ne crois pas qu'une langue première puisse finir par reculer au second rang. Autrement dit, désormais je refuse de choisir. Je dois me le répéter et insister tout au long de la traduction.

Cette attitude un peu ridicule, un peu combattante, provient du fait que, dans un coin de mon esprit, l'ombre du doute n'a jamais cessé de guetter mon travail. Le doute envers ma connaissance de la langue chinoise, le doute aussi envers ma mémoire, le doute envers tout ce qui est acquis par la naissance, la honte parfois d'appeler encore le chinois « ma langue maternelle », alors que maintenant je mets beaucoup moins de temps à la cultiver. En envoyant la version chinoise de *L'Ingratitude* à l'éditeur chinois, j'ai éprouvé la nécessité idiote de lui indiquer que, quoique diplômée du département des langues étrangères et habitant au Canada, j'ai bien lu les classiques chinois, j'ai bien fait mes devoirs. Ainsi, depuis je ne sais quand, peut-être depuis ma première publication en français, je me trouve dans une position de faiblesse face à la langue chinoise.

Pour combattre ce doute, ces sentiments peu positifs dictés par ma pudeur, je voudrais faire mieux en chinois qu'en français. Je consulte autant le dictionnaire chinois que le dictionnaire français. S'il est vrai que trop souvent je soupire d'impuissance devant mes fautes de français, devant ce perpétuel handicap, je rougirais de honte devant une erreur en chinois, car ce serait sans excuse et sans recours. Le poids de l'héritage est lourd, la tâche est loin d'être reposante, mais ce n'est rien encore, comparé à la peur de perdre cet héritage facile à recevoir et difficile à garder. Cet effroi que je ressens face au spectacle de ma vie d'avant s'engouffrant chaque jour davantage dans le vide en emportant même la mémoire de la langue. Ce vertige que je connais en regardant le sol si peu ferme où je pose mes pieds actuellement. Tout cela m'incite à m'accrocher le plus longtemps et le mieux possible à la langue chinoise autant qu'à la langue française, et possiblement à une autre langue encore. Car j'ai de plus en plus l'impression que, pour moi, le passage d'une langue à l'autre est loin d'être accompli, peut-être ne le sera-t-il jamais.

Ainsi je vois dans ma volonté de me traduire un souhait, un rêve, un désir de me réconcilier avec le passé, une possibilité de récupérer ma vie d'avant, une illusion de survivre non seulement ailleurs, mais là précisément où je me croyais morte.

En examinant le résultat de près, je ne peux dire avec certitude que la version chinoise de *L'Ingratitude* est meilleure que la version française. Rien d'extraordinaire n'a eu lieu. J'ai même l'impression que la langue chinoise est fondamentalement semblable à la langue française, de sorte que je n'ai pas eu l'occasion d'effectuer quelques retouches remarquables ou spectaculaires. Ma traduction reste très fidèle. Il y a toutefois un certain souffle, un rythme, dans la version française, que la traduction n'a pu tout à fait transmettre.

Ce léger décalage dans la musique et dans le ton, que je considère comme essentiels pour un texte littéraire, serait-il un fossé interposé entre l'original et la reproduction? un obstacle incontournable mais tout de même contourné dans le passage des langues? Cette question, tel un contrepoids, un défi et un paradoxe, m'accompagnera encore longtemps sur mon chemin cependant bien décidé vers ce que Nancy Huston appelle « le traduisible ».

Février 2003

Saint-Denys Garneau

Toute écriture littéraire, quel que soit son genre, serait à mes yeux handicapée s'il n'y avait, dans sa construction, dans le ton ou dans le rythme, quelque chose de poétique. La littérature que j'aime est une forme d'interrogation, une ouverture sur l'inconnu ou l'inconnaissable, une quête de ce qui est haut, de ce qui est large, et de ce qui est intérieur. Cette quête est l'essence même de la poésie. Elle impose forcément le recueillement, la solitude, le silence. Le silence vital n'est pas le silence du sommeil, tout comme l'action n'est pas l'agitation. Sur ce point l'œuvre de Saint-Denys Garneau est un enseignement :

Toutes paroles me deviennent intérieures
[...]
Hors l'atteinte du temps salissant, du temps passager.
Ses paroles qui ne sont pas du temps
mais qui représentent le temps dans l'éternel,
Des manières de représentants
Ailleurs de ce qui se passe ici,

Des manières de symboles
Des manières d'évidences de l'éternité qui passe ici,
[…]
Et ma bouche est fermée comme un coffre
Sur les choses que mon âme garde intimes,
Qu'elle garde
Incommunicables
Et possède ailleurs*.

Ici le silence fait partie des paroles. Une telle croyance s'accorde difficilement au monde contemporain où tout devient information, propagande, divertissement, profits et battages de toutes sortes. Mais, paradoxalement, cette discordance, ce tourment, cette difficulté d'entrer dans le temps concret où se passe la vie concrète, c'est justement le lieu de naissance de la modernité, celle-ci n'étant pas toujours le synonyme de la contemporanéité. L'œuvre de Garneau semble être née de ce malaise qui le pousse à dire : « L'avenir nous rend en retard**. » Ce poète né en 1912 à Montréal, mort à trente et un ans et laissant déjà une œuvre classique derrière lui, je l'ai découvert grâce à un magnifique recueil d'essais de l'écrivain Yvon Rivard publié en 1993 aux Éditions du Boréal et intitulé *Le*

---

* *Saint-Denys Garneau, poèmes choisis*, Éditions du Noroît, 1993, p. 63.

** *Ibid.*, p. 87.

Bout cassé de tous les chemins. La poésie de Garneau est d'une grande intériorité, portée par une forte charge spirituelle et une profonde humilité face à la nature. La poésie devient sa rédemption, son refuge, un chemin qu'il espère mener vers la beauté suprême. Je suis émue de voir la poésie élevée à cette hauteur, à cette grandiose mission. Cette poésie, écrite à un âge très jeune, est une poésie sans âge. Le poète vivait à la fin d'une époque, ou du moins il semble avoir pressenti cette fin. Tous ceux qui vivent dans cette situation doivent subir une épreuve exigeante : ils doivent mourir avec leur époque, et renaître en même temps pour tout recommencer, comme un enfant. Cette épreuve a pour résultat de les rendre à la fois très vieux et très jeunes. Elle est périlleuse et même mortelle. Elle influence également l'esthétique du poète. Quand on vit sur un sol qui tremble, quand on sent que l'édifice où on s'abrite est en train de basculer, on a envie de partir et on aspire à un espace sans contrainte :

> Et mon regard part en chasse effrénément
> De cette splendeur qui s'en va
> De la clarté qui s'échappe
> Par les fissures du temps*.

---

* *Ibid.*, p. 49.

Pour la même raison, on ne peut plus s'arrêter sur les manifestations de surface, on veut l'essentiel : « Il faut enseigner la simplicité et éliminer le superflu », dit-il.

Ainsi, simplement, d'un poème à l'autre, le poète nous parle de son exil intérieur :

> Je veux ma maison bien ouverte,
> Bonne pour tous les miséreux.
> Je l'ouvrirai à tout venant
> Comme quelqu'un se souvenant
> D'avoir longtemps pâti dehors
> Assailli de toutes les morts
> Refusé de toutes les portes
> Mordu de froid, rongé d'espoir*.

Car aller d'un endroit à l'autre n'est pas encore un exil. Le véritable exil, c'est quand on a perdu son père et qu'on devient orphelin. Le vrai exil, c'est quand on a le sentiment de passer d'un temps à l'autre, d'un siècle à l'autre, d'un instant à l'autre, d'un pas à la fois léger et lourd, ne pouvant ou ne voulant régler le décalage. Saint-Denys Garneau a magnifiquement décrit cette condition dans les premiers vers de *Regards et jeux dans l'espace**, que je ne me lasserai jamais de citer :

_____

* *Ibid.*, p. 61.

** *Ibid.*, p. 23.

Je ne suis pas bien du tout assis sur cette chaise
Et mon pire malaise est un fauteuil où l'on reste
Immanquablement je m'endors et j'y meurs

Mais laissez-moi traverser le torrent sur les roches
Par bonds quitter cette chose pour celle-là
Je trouve l'équilibre impondérable entre les deux
C'est là sans appui que je me repose.

Avril 2003

La vie probable

Un jour, j'ai emmené mon fils cadet, qui avait deux ans, dans un marché horticole. Je l'ai assis dans un énorme chariot du marché, et il m'a souri, le regard plein d'amour. Je le croyais là, en parfaite sécurité. Plus tard, au moment où je me penchais sur une fleur, le petit est monté sur le bord du chariot. Son regard me cherchait lorsqu'il tomba la tête la première sur le sol en ciment. Le soleil brillait au-dessus de nous, au-dessus de l'enfant par terre. Il y avait des bruits autour de nous. Je me sentais aveuglée par la lumière et assourdie par le bruit. Cet instant où se trouvaient la mère stupéfaite et l'enfant évanoui était une éternité.

L'écrivain américain Paul Auster a vécu un incident semblable — il a rattrapé sa fille quand elle allait tomber dans l'escalier —, et il le relate fièrement parce qu'il croit à la magie, à la rédemption, et aussi à son bon réflexe contre la loi de la chute. C'est un écrivain qui invente le réel, qui a confiance en ce qu'il raconte. Il a les pieds bien plantés sur une terre solide. Or, même si mon enfant s'est miraculeusement tiré de cet accident, je me dis que cela aurait pu se passer autrement, que j'aurais pu perdre mon soleil au milieu du jour. Je me dis aussi que j'aurais dû renoncer à cette sortie dangereuse, que mon regard aurait dû résister à la beauté d'une fleur. Mille autres incidents de la sorte, qu'ils soient arrivés à moi-même ou à mes semblables, aux animaux ou aux végétaux, me font douter de la terre où je suis, de moi-même et des êtres, de la détermination du temps où l'avenir peut devenir en un clin d'œil le passé, où le présent ressemble à cette fleur que je contemplais avant de suivre mon enfant dans le vide. Je me vois alors glisser dans un non-lieu et hors du temps. Je suis partie de Shanghai, je quitterai également le Québec et la France. Je me détache, du moins mentalement, de tous les endroits dont j'ai frôlé le sol et flairé l'air, de toutes les époques qui dans ma tête fusionnent étrangement, qu'elles soient révolutionnaires ou conservatrices, barbares ou civilisées, rurales ou citadines. Je suis sortie de tout, maintenant je n'ai plus d'issue. Mon vagabondage commence dès ma naissance et continue quand j'écris. Cela fait si longtemps, je ne compte plus les jours, la modernité a peu de sens pour moi. C'est bien de cet exil, provoqué par l'inconsolable nostalgie originelle, que je voudrais parler.

Pour toute chose dans la vie il y a apparemment deux possibilités temporelles : l'une est ce qui s'est réellement passé, l'autre est ce qui pourrait arriver ou ce qui n'a pas eu lieu mais qui aurait pu avoir lieu. L'écrivain en exil est à mes yeux à mi-chemin entre le réel et

le probable. Il ne peut se résoudre à s'asseoir ferme-
ment sur ce qu'on appelle le réel, constamment attiré
par le côté probable. Parfois il confond même les deux
bouts de son chemin. Il pourrait se tromper de direc-
tion dans son va-et-vient car, quand il quitte un
endroit, il ne monte pas vers le ciel, il ne se jette pas
encore hors de l'univers, il ne peut que tourner en rond
puisqu'on lui dit que la terre est ronde. Il lui arrive
de confondre le réel et le probable, de se demander s'ils
ne reviennent pas à une même chose, à une même
sensation, au même mythe. Yvon Rivard a intitulé
un de ses livres *Le Bout cassé de tous les chemins*. Ce titre
est une citation d'un vers de Saint-Denys Garneau.
L'écrivain se trouve sur un chemin sans début et sans
fin. Il ne sait plus quel but atteindre, vers quel abri
revenir. Tout à coup il a senti l'abîme. Moi aussi, je
l'ai aperçu ce jour-là devant mon enfant lourdement
tombé parmi des fleurs.

Alors l'écrivain trébuche, balbutie et tâtonne. C'est
un enfant qui, faute de foyer et condamné à la route,
n'a pas appris à marcher, ne grandit jamais. Il écrit
pour moquer sa propre maladresse et pour passer son
temps inutile. Il revient souvent sur ses mots, se
montre contradictoire et anxieux, car il doute de la
fiabilité des mots autant qu'il est tenté par le vertige
tonifiant que semble promettre une danse avec des
langues. Rien à montrer, rien à dire vraiment. Tout est
déjà inscrit dès le commencement. Il est seul dans
son jeu enfantin, au bord du gouffre. Je crois que je
fais partie de cette catégorie d'individus, célèbres ou

obscurs, anciens ou modernes, orientaux ou occidentaux, européens ou américains, chinois ou africains,
émigrés ou natifs, hommes ou femmes, écrivains ou
non — l'unique catégorie de ce monde où je consens
encore à me classer.

Le rapport que l'écrivain en exil entretient avec
les langues est complexe, parce que celle qu'il a reçue à
sa naissance ou d'autres apprises par la suite ne sont
pas forcément la langue de la littérature. Il s'agit de
la même problématique que celle décrite plus haut.
L'écrivain a l'impression de tenir dans la main gauche
une ou plusieurs langues fonctionnelles avec des règles
précises et visant une signification propre, et dans la
main droite la langue probable, exilée, qui ressemble
aux langues dans l'autre main mais pas tout à fait, à
cause de l'écriture ou grâce elle. La langue de la littérature fait penser aux bonsaïs, à ces arbres dénaturés avec
beauté ou horreur. Les mots disent plus ou autre chose
qu'ils ne disent. Ils émergent souvent de l'inconscient
qui est le vécu concentré de l'écrivain, ou d'une
mémoire qui remonte au-delà de la naissance de l'écrivain, jusque peut-être dans la nuit des temps, qui ne
serait pas à sa portée sans l'écriture. L'écrivain pourrait
être surpris par ses propres textes au même titre que les
lecteurs. Sa déroute dans la vie, entre la réalité et la fiction, il la poursuit ici dans l'écriture, entre la langue
usuelle et la langue de la littérature. Pour se faire
comprendre par ceux qui, par habitude plutôt que
par choix, se contentent d'écouter et de regarder, qui
n'entendent ni ne voient la langue de la littérature,

il faut que l'écrivain trouve un équilibre, un juste milieu, méthode chantée par mes ancêtres chinois. Il doit traiter avec justice ce qu'il tient entre ses mains, car le gouffre est proche, la solitude pèse. Mais l'écrivain par sa nature d'enfant sauvage est irrésistiblement attiré par la langue de la littérature, cette chose vague, indéfinie et sans cesse en devenir, qui risque à tout moment de lui filer entre les doigts. L'écrivain est en exil dans la langue.

Ainsi préoccupé par la langue de la littérature menacée de disparition, l'écrivain ne veut plus faire grand cas du choix de la langue d'écriture. Même s'il écrit dans sa langue maternelle, il se trouve assez loin d'elle lorsqu'il s'approche de la langue de la littérature. Celle-ci, contenant la langue maternelle de tous, est le fruit de toutes les littératures de tous les temps. En fait, il lui semble qu'il n'y a qu'une littérature, même si elle est écrite dans beaucoup de langues. L'écrivain n'a pas à privilégier la langue de sa mère sur celle des autres, ni inversement. Il est convaincu que les unes ne sont pas plus belles ou plus laides que les autres, plus expressives ou plus économes, plus logiques ou plus imagées, plus colorées ou plus musicales, plus sonores ou plus visuelles. Toutes les langues selon lui peuvent espérer atteindre le sommet de l'expressivité, voire le sublime, et elles peuvent devenir également immondes. La langue chinoise est splendide dans la poésie de la dynastie Song, mais elle peut paraître insupportable à la Bourse. Il en est de même avec la

langue française. Car si la capacité linguistique est
héréditaire, la langue ne l'est pas. Ce qui donne une vie,
une couleur, une musique, une particularité profonde
à des langues communicatives, selon l'écrivain en
exil, c'est bien la langue de la littérature. Je ne deviens
pas écrivain parce que je suis née à Shanghai et que
j'ai appris la langue française. J'écris parce que je n'arrive pas à oublier l'épouvantable chute de mon enfant
et les incidents de la sorte qui peuplent ma vie jusqu'ici, qui m'incitent à fuir hors de l'illusion de l'identité, parfois hors de moi, à errer constamment entre le
plein et le vide.

Mesurer la distance entre l'écrivain et les langues
est une tâche fastidieuse. L'écrivain n'ignore pas le
caractère évanescent des choses y compris des langues.
Sa langue maternelle et les autres langues ne sont pour
lui que des probabilités aussi. Les langues, ainsi que les
civilisations, peut-être en même temps que les civilisations, naissent et disparaissent bien malgré la grandiose et héroïque volonté des humains, malgré leur
refus de l'exil. Mais l'écrivain espère qu'il y aura toujours des langues, même à l'époque de l'écran. Il ne
compare pas les langues, tant il est comblé par leur
existence. Lorsqu'il les utilise, il ne pense nullement ni
à la perte ni à la compensation. Il les accepte telles
qu'elles sont. Il ne les examine pas avec la passion
lucide d'un connaisseur devant des bijoux. Non, il n'est
connaisseur de rien. Il rencontre les langues, y compris
sa langue maternelle, au hasard sur son chemin. Il leur
ouvre les bras, avec une égale curiosité et considéra-

tion, le même sentiment de l'impossible. Il est prêt à vivre des banalités comme des joies, les contraintes comme la liberté, il se lance dans l'aventure avec un abandon proche du comportement amoureux.

Y a-t-il eu une langue universelle au commencement des temps? Il ne sait pas. Mais il croit à l'unicité de la langue de la littérature qui a un caractère multiple, dont l'existence pourtant n'a été et ne sera toujours que probable. Et l'écrivain se contente de cet à-peu-près. Tout comme, encore sous le choc de l'accident et sans aucune certitude du lendemain, j'ai été heureuse ce jour-là en sortant de l'hôpital, avec mon enfant endormi dans mes bras. Je fais quelque pas sous le soleil. De nouveau, le flot de passants pressés me semble bien de ce monde et de mon temps.

Février 2002

Lettre d'Umbertide

Le 24 août 2003

Mon cher Yann, mon cœur,
Je ne sais encore par où commencer cette lettre et mes larmes montent déjà. Les mots sont sans pouvoir.

Pour la première fois je me suis séparée de toi et de ton frère Lee pendant plus d'une semaine. Je pense à toi et à ton frère constamment. Chaque jeune créature que je croise ici, qu'elle soit animale ou végétale, me rappelle la joie d'être avec vous, de vous regarder courir autour de moi et dans tous les sens, de vous entendre dire des douceurs et des bêtises. Ton absence a fait naître en moi une profonde langueur et me redonne la pulsion d'écrire, m'oblige de recourir à ce vieux remède. Je sais que tu ne liras pas immédiatement cette lettre, elle sera trop compliquée pour toi. Tout devient très compliqué dès que je me mets à écrire, car la vie entière se précipite vers le bout de mes doigts, la vie entière veut sortir en un bloc, en urgence, sans plus faire cas de son interlocuteur, de son accessibilité, de sa démesure. J'ai tant de choses, trop de choses à te dire tout de suite, dans le désordre même, et sans souci des propos appropriés à ton âge. Mes pensées veulent te rejoindre instantanément, ne supportent pas le décalage de temps entre nous. Mais une fois écrites, fixées sur le papier, ces pensées vont pouvoir se calmer, et t'attendre aussi longtemps que tu voudras, aussi loin que tu voudras sur ton chemin, avec la patience d'une poupée, d'une momie. Ne crois donc pas, mon enfant, que cette lettre ne te soit pas destinée parce que tu ne la comprends pas en ce moment. Tu vas la retrouver quelque part sur ta route, tu la liras, j'en suis sûre.

Ton anniversaire approche, alors je suis en train de me remémorer les premiers moments qui ont suivi ta venue dans ce monde. Tu es un cadeau divin comme je n'en avais jamais reçu de ma vie. Tu paraissais si fragile que j'avais tout le temps peur de te perdre. Je m'inquiétais quand tu pleurais, et si tu ne pleurais pas, je m'inquiétais tout autant. Sept ans plus tard, je porte encore cette inquiétude. Je la porterai certainement jusqu'à ma fin. Je ne sais comment décrire la maternité autrement.

Un ami, aussi invité du centre Civitella, a composé des pièces musicales qu'il intitule « Enfant ». Je les ai écoutées avec une grande émotion, remontant dans le temps, replongée dans la période qui allait des premières semaines de ta conception jusqu'aux derniers jours avant ta naissance. J'écoutais régulièrement le battement de ton cœur. C'est le son de ce monde le plus profondément enraciné dans ma mémoire. C'est ma musique.

Le jour où tu pourras lire cette lettre, mon fils, tu la trouveras peut-être trop sucrée, trop sentimentale, trop XIXe siècle, loin du tempérament moderne qu'on appelle *coolness*. En fait Maman est incapable de bien s'accommoder à un temps et à un lieu, c'est son problème, il ne sera jamais résolu, elle le portera aussi jusqu'au bout.

Un nouveau livre de Maman vient de paraître. En écrivant ce livre, j'ai été préoccupée par le visage de ton époque. Par là je désigne seulement la surface des choses, car le temps est selon moi profondément inchangeable, toi et moi, de toute façon, nous allons essentiellement parler le même langage. Or, aujourd'hui plus que jamais, je suis intéressée par le visage de l'avenir qui te concerne. Ce souci manque de sagesse, je le sais, et s'étend au-delà de la limite de ma propre vie, jusqu'à ton temps et après, jusqu'à l'éternité que j'ai toujours détestée mais que ta naissance m'oblige de regarder autrement. Pour cela je n'ai pas encore trouvé mon angle, je cherche. Cette indicible maternité a déclenché en moi un besoin de changement de perspective. Jusqu'à présent, la tentative de décrire la surface des choses, avec leurs ombres indéfinies et courants intérieurs, dans une unité cependant immuable, voilà tout ce en quoi consiste mon travail.

Tandis que mon esprit te suit tous les jours à chaque instant, j'éprouve néanmoins du plaisir d'être ici, dans le château de Civitella. Il est d'une magnifique

beauté médiévale. Je vais essayer de le peindre en aqua-
relle pour toi, en échange de ton dessin de dinosaures,
d'accord ? J'adore tes dessins. J'aurais aimé les imiter,
mais ce serait un insuccès total. Pour pouvoir dessiner
comme tu le fais, mon amour, il faut avoir des yeux et
un cœur de sept ans, il faut avoir le don. J'espère, mon
enfant, que tu garderas pour toujours ces yeux et ce
cœur et développeras ton talent.

Non seulement nous sommes dans un endroit de
rêve, mais encore nous sommes servis avec grande
hospitalité et courtoisie. Le soir, après le dîner qui est
toujours une délicieuse surprise — j'ai appris quelque
chose pour toi, mon cher gourmand —, les conver-
sations avec les autres artistes sont agréables et inté-
ressantes. Tu sais, mon trésor, parfois Maman a besoin
de sortir et de rencontrer d'autres personnes, tout
comme toi et ton frère devez fréquenter l'école et jouer
avec vos amis.

Maintenant que toi et ton frère avez grandi, j'ai
plus de temps, et dans le calme je commence à réfléchir
à ma nouvelle vie liée à ta naissance et à celle de ton
frère. Au début, ce grand événement m'a inspiré le
désir de tout donner, et en même temps la crainte
de me perdre dans cet amour quasi exclusif, qui réduit
de façon inquiétante un espace vide en moi, une solitude qui était depuis toujours ma maison secrète, dont
je dépends pour vivre en bonne santé. Cette crainte
s'amoindrit avec le temps, notre relation évolue,
j'avance dans mon apprentissage parental, et je prends
de plus en plus conscience qu'être mère est un accom-

plissement en soi. La maternité seule me gratifie amplement, car aucune autre activité ne m'a apporté autant de joie et de bonheur, ne m'a procuré autant de rafraîchissement et de paix intérieure. Ma maison secrète reste intacte, et désormais mes deux fils en sont devenus les gardiens. Si la maternité est ma seule vraie et perpétuelle préoccupation, la question est alors de savoir quelle mère je dois devenir, de sorte que, à la fin de mon voyage, je puisse calmement soutenir le regard de mes enfants sans fléchir. Il n'y aura jamais de réponse à cette question, car nous n'arriverons jamais exactement là où nous voudrions nous rendre. Mais cette question me rend extrêmement occupée, toujours en chemin, insatisfaite en ce qui concerne d'abord la pratique ordinaire des responsabilités parentales, ensuite mon travail d'écrivain. En effet, il prend une tournure nouvelle en 1998, avec la publication d'*Immobile*, dont l'écriture a accompagné ta naissance et celle de ton frère. Si je n'avais jamais voulu pratiquer le folklore et la littérature ethnique, désormais je ne les supportais plus. Je cherchais une esthétique et une approche propres à moi pour exprimer ce qui se passait réellement en moi, ce quelque chose de profondément historique, cosmique et existentiel lié au questionnement de l'identité qu'imposent les naissances successives, la tienne et celle de Lee. Je me sens presque née en même temps que mes enfants, en même temps que toi et ton frère, et entraînée dans une destinée tout à fait inconnue, dans un autre temps qui ne sera pas complètement le mien mais dont je suis en partie responsable. J'imagine souvent comment tu réagiras quand tu auras l'âge de lire mes écrits. Je n'attends pas de toi un regard de critique littéraire, car nous pourrions avoir des points de vue différents, ou bien tu ne seras pas du tout intéressé par cette occupation de plus en plus démodée qu'est la littérature. L'écriture sera transformée, elle l'est déjà, je ne le sais pas, je le sens. Quelque chose va mourir, quelque chose va naître, c'est dans l'ordre de l'univers. Mais il m'arrive d'imaginer ton futur regard sur mon travail d'antan. Rien au monde ne compte davantage pour moi que le regard de mon fils. Ce regard que je connais déjà, maintenant, et depuis l'inoubliable instant où tu as ouvert tes yeux pour la première fois. Je sais que toi et ton frère vous allez lire mes livres, vous me comprendrez à fond, et vous serez sans pitié, tout comme je le suis. Bien que l'humanisme soit planté en toi comme une semence élémentaire pour te nourrir sur ta longue route — car, mon fils, tu éprouveras plus de satisfaction en donnant qu'en recevant —, la complaisance ne fera jamais partie de mon enseignement. Je travaille donc, désormais, sous le regard franc de mes futurs et suprêmes lecteurs. Au fond, je n'écris que pour toi et pour ton frère, répandant des mots comme jadis je vous nourrissais tous les deux avec le lait sortant de mon corps. Dans ce sens l'écriture devient un élément intégré et grandissant de ma maternité. Je suis en Italie, mais je suis aussi avec toi, mon chéri, chaque jour mon esprit part à travers des mots pour te rejoindre à l'avenir.

Tu vas commencer à apprendre une nouvelle langue à la rentrée : l'anglais. Les langues seront toujours un sujet important pour moi, et aussi pour toi, puisque dès maintenant tu seras habité par trois langues. Tu apprends ta langue maternelle, le chinois. Il n'y a rien de plus naturel que cela pour toi, ni de moins difficile, parce que tu ne disposes pas d'un environnement typique pour apprendre le chinois. Tu apprends le français en même temps. On dit que dans trois cents ans la langue française ne sera plus une langue vivante. Je pense qu'une telle chose n'est pas prévisible, et nous ne serons pas là pour le savoir. Mais pour nous la question est ailleurs. Nous apprenons une langue non pas seulement pour son utilisation pratique et immédiate. Le chinois classique n'est plus utilisé, pourtant on doit encore l'étudier pour avoir au moins une profonde compréhension du chinois moderne. Et si on se mettait à parler de ce qu'une langue porte en elle… le sujet est inépuisable. Bref, tu as la merveilleuse chance d'apprendre le français, alors continuons. Puis vient la langue anglaise, si largement répandue dans le monde entier. Dans ma génération, on serait considéré comme illettré si l'on ne connaissait pas cette langue. Mais encore une fois, mon chéri, ce n'est pas le point important pour moi. En fait, je trouve qu'aujourd'hui la langue la plus menacée est bien l'anglais au lieu des autres ; à cause de sa popularité, elle risque d'être simplifiée et même vulgarisée à outrance. Exception faite de l'anglais littéraire, qui semble rester un processus ouvert et conduit par des esprits créatifs, nourris des expériences provenant des autres langues. N'oublions pas tout de même que le chinois moderne est une version vulgaire du classique. Le temps passe, les langues s'élèvent, se transforment, meurent et se substituent. Elles viennent et elles s'en vont, comme toute chose dans la vie. Cela est au-delà du contrôle de quiconque, au-delà de tout dessein politique. Néanmoins combien serait-il merveilleux pour toi de connaître le chinois classique et sa splendide poésie, combien serait-il merveilleux que chacun puisse lire Racine et Shakespeare dans leur langue originale. Et il y a d'autres langues et d'autres grands esprits. Il est important d'en connaître au moins l'existence. Le monde évolue dans l'échange, et nous grandissons en nous avançant toujours davantage vers l'inconnu. J'espère que tu éprouveras du plaisir en creusant dans l'essence même de chacune des langues que tu apprendras. Il serait préférable de creuser dans l'essence même de toute connaissance et de toute expérience. Ceux qui au début du XXe siècle ont réformé la langue chinoise avaient tous une connaissance profonde de ce qu'ils tentaient de renouveler. Alors apprenons l'anglais, et je serai à ton côté à chacun de tes pas.

Finalement je crois que l'apprentissage de plusieurs langues est un excellent exercice pour le cerveau, cela aide aussi à élargir l'esprit et le cœur. C'est difficile pour toi et aussi pour moi, j'en suis consciente. Mais comme dans toute autre situation, quand on surmonte des difficultés, quand on survit à des épreuves, on est toujours récompensé d'une façon ou d'une autre. En

Europe, le bilinguisme est un phénomène courant. La plupart des amis que je rencontre dans le château de Civitella connaissent plus d'une langue. Auparavant il y avait une plaisanterie : les bilingues sont ceux qui connaissent deux langues, les trilingues sont ceux qui connaissent trois langues, et les unilingues, ce sont les Américains. Cet été je suis particulièrement émue de voir des amis américains parler et apprendre l'italien, l'espagnol, etc. Steve, un assistant au centre Civitella, est en train d'apprendre le latin, et il a lu mon livre avec un dictionnaire français. Je le sens, mon fils, le multilinguisme sera une réalité de ce siècle et pour ta génération. J'espère qu'elle aura un impact positif sur l'avenir. Voici les raisons pour lesquelles j'essaie de t'habituer à cette réalité dès ton jeune âge.

Je te souhaite un anniversaire extrêmement heureux et joyeux. Je le célèbre ici, dans mon cœur, quand il n'y a personne, peux-tu le sentir ? Puis, à la rentrée tu apprendras plein de nouvelles choses, et tu grandiras vite. Un jour, tu seras plus grand que Maman, comme tu le souhaites. Puisque c'est encore les vacances, amuse-toi bien, et attends-moi pour aller chercher quelques dinosaures de plus.

Je te prends dans mes bras longuement.

Maman

L'arbitraire et l'approximatif

Depuis longtemps ma bibliothèque est le seul lieu solide où je me rends fidèlement, quand je sors de ma maison secrète pour me promener ailleurs. Dans cette petite bibliothèque, j'ai une collection de livres en trois langues différentes — français, chinois, anglais — et des traductions, que je range non pas selon leur langue, leur genre, l'époque et le lieu de leur production, mais suivant l'alphabet des noms d'auteur. C'est le seul classement possible pour moi.

Il s'agit d'une vieille habitude. Quand je vivais encore en Chine, tous mes livres étaient en chinois, mais beaucoup étaient des traductions. Comme le pays s'étend sur un immense espace, on parle d'une littérature du Nord et d'une littérature du Sud, la première considérée comme essentiellement rurale, robuste et « large », la seconde comme surtout citadine, raffinée et « étroite ». Tout cela se trouvait chez moi pêle-mêle avec un seul ordre alphabétique. Car je voudrais que les esprits circulent librement dans ce petit monde qu'est ma bibliothèque, où les barrières géographiques,

temporelles et linguistiques sont volontairement effa-
cées, les différences des œuvres sur tous les points
s'exprimant par des subtilités proprement littéraires et
individuelles, où les propagandes n'ont pas de place.
Ayant grandi en Chine dans les années 60 et 70, dans
une atmosphère révolutionnaire et nationaliste, j'ai vu
la littérature réduite alors à l'extrême servitude. J'ai
naturellement développé une réticence envers cela.

Et je pense au moment où mes enfants mettront
leurs petites mains sur cette bibliothèque. Chacun des
livres choisis a une responsabilité envers eux. J'assume
la mienne en faisant le choix, en transmettant cet héritage. Car ce ne sera pas seulement une école qui les
façonnera. Leur véritable patrie se trouve là, en fin de
compte, et nulle part ailleurs.

À une échelle plus large, je suppose qu'une institution littéraire agira à peu près de la même manière,
assurant la qualité, englobant les différences et les
divergences, veillant sur la proportion raisonnable des
nourritures essentielles, des gourmandises et des poi-
sons parfois pour bâtir des anticorps et montrer que
tout ce qui existe a une raison d'exister, assumant la
responsabilité de la santé spirituelle d'une plus grande
famille, d'enfants plus nombreux. Une institution
est un produit de la morale, nous ne comptons pas sur
elle pour quelque innovation que ce soit. Elle est là
pour veiller sur la proportion des choses, pour maintenir un ordre, pour répondre aux aspirations du temps
présent et sur place, pour encadrer ce qui n'est pas
encore encadré, en s'appuyant lourdement sur son

passé, en s'avançant avec prudence vers un avenir proche et palpable. Elle est par essence conservatrice. Le souci de l'éthique devient inévitable lorsque la pensée est obsédée par la présence innocente des enfants et projetée vers l'avenir. Je sais que mes enfants n'auront pas une vie facile sur une terre déjà concrètement arpentée, le monde n'aura pas de paix tant que les barrières de toute sorte sont encore farouchement défendues alors même qu'elles ne correspondent pas à la réalité des êtres et des choses, alors même que mes enfants, en tant qu'êtres dans leur situation, ne font pas partie d'une minorité. Comme l'avenir me semble incertain, et la paix de toute évidence très lointaine, je voudrais donner ma bibliothèque à mes enfants, croyant que la littérature a encore un rôle à jouer. Non pas celui de réclamer ou de résoudre quoi que ce soit, mais celui de procurer au monde, notamment aux enfants qui n'ont pas encore un passé à regretter, une rancune à soulager, une possession à défendre, une ambition quelconque ni une arme pour se protéger, un lieu de repos, de recueillement, de communication vraie, un lieu qui ne soit pas la terre.

Ce n'est pas encore sans espoir. Le fait que je publie librement mes livres, que je sois invitée à exprimer mes pensées, reflète bien entendu une réalité concrète, aussi contemporaine qu'ancienne, mais cela serait impossible sans un minimum de tolérance, de clairvoyance et de santé d'une institution littéraire. Comme beaucoup de personnes de ma génération, je n'ai jamais aimé les institutions. Mais je suis maintenant mère de famille.

Et une famille c'est une institution. Une institution est insupportable quand elle empêche de vivre. Son existence est cependant nécessaire quand elle est là pour assurer la continuité et la survie.

Or, quand je déplace mon regard et que je ne vois pas mes enfants mais me concentre sur cet espace à la fois clos et infini qu'est le moi, il naît une contradiction énorme dans ma pensée, celle qui caractérise la vie même de toute chose au monde. La marche de l'histoire, aussi bien que celle de la littérature, et même d'un individu, par exemple d'un enfant, s'oriente non pas vers un quelconque sens décidé de l'extérieur, mais bien vers un « entre-deux », vers ce qui résulte de la contradiction des intentions. Lorsque j'écris, donc, le geste « responsable » de placer des livres dans une bibliothèque fait place à l'acte « irresponsable » de la création, la deuxième étape étant selon moi essentielle et donnant un sens à la première. Je dirais alors que la littérature n'a pas de rôle à jouer. Elle n'est responsable que de son propre avenir. Son avenir est tout aussi incertain que celui de mes enfants. On commence déjà à s'en soucier, en essayant de la protéger avec bonne volonté comme on traite une espèce en danger d'extinction, contre les menaces de toutes parts, contre l'indifférence plutôt et le délaissement naturel. L'institution littéraire se voit alors chargée d'un travail bien plus éprouvant : non seulement elle devra continuer à maintenir l'équilibre parmi les divergences des idées et les préférences esthétiques au sein de la petite famille littéraire qui a tout intérêt à garder le sens de la solidarité, mais encore et surtout elle mènera une lutte pénible, de plus en plus impossible, pour la survie de la littérature en tant que véhicule de l'expression, avec lucidité, confiance et dignité. Je suis venue du Sud de la Chine. Malgré la domination et l'influence massive dans mon enfance d'une littérature dite du Nord qui se voulait officielle, nationale et donneuse de leçons, j'ai hérité d'un faible pour des œuvres petites, solitaires, n'ayant d'autre objectif que celui d'un questionnement intérieur et d'une quête personnelle. Et au cours de ce questionnement et de cette quête, je ne suis responsable de rien et de personne. Je n'ai d'autres considérations à prendre qu'esthétiques, d'autre loi à suivre que celle des mots. De cette façon seulement j'essaie de m'approcher de ma vérité, même si elle ne convient peut-être pas toujours à mes plus fortes convictions. Je crois à une parole de Kongzi : « Le gentilhomme connaît le monde sans dépasser son seuil. » Je trahis l'intention de cette phrase en la citant, car Kongzi voulait dire que le gentilhomme « connaît » le monde, alors que je présume que ma vérité individuelle est déjà enracinée chez l'Autre, fait partie de la destinée profonde de l'humain, mais que, cette vérité, je suis encore loin de la connaître. D'autant plus qu'elle est difficilement saisissable, même quand je cesse de marcher, même quand j'ai l'impression de piétiner, même quand je dors. Toute vérité me paraît approximative. Et cet aspect de flou, d'ambigu, de contradictoire et d'approximatif me frustre et me donne envie de fixer certaines choses par écrit, ou du moins de déployer le mouvement d'une fixation impossible. C'est cela, finalement, qui me semble justifier le plus la nécessité de la littérature, son caractère indispensable dans une époque où tout semble nous dire le contraire.

Octobre 2003

À propos du *Champ dans la mer*

Ce livre, qui suit *Immobile* et qui précède *Querelle d'un squelette avec son double,* fait partie d'un ensemble romanesque que je suis en train de composer, ayant comme personnage central une femme de nature ambiguë qui raconte ses vicissitudes désencadrées du temps et de l'espace. Je ne crois pas, comme pourraient le supposer certains de mes lecteurs, éprouver de la fascination pour l'au-delà, pour la vie après la mort, pour la possibilité de la réincarnation. Je voudrais simplement comprendre mieux la vie ici-bas, cette vie, menée par moi et par les autres, par les êtres de tous les temps. C'est une préoccupation proprement littéraire. J'espère tout de même qu'elle n'est pas la seule qu'on puisse y déceler.

Il me semble que tous les sujets ont été traités, tous les aspects de la vie humaine concrètement décrits. Je suis tombée dans une époque très réaliste. D'abord il y a le réalisme socialiste dans mon enfance, ensuite les études des textes occidentaux, notamment français, des XVIIIe et XIXe siècles, maintenant le postmodernisme encore très à la mode, un courant archi-descriptif qui nous fait sentir une évidente servitude vis-à-vis de la caméra. Alors je me suis dit, zut, c'est comme les photographes qui ont formidablement forcé les peintres à changer leurs habitudes, la caméra, censée accomplir en dix secondes ce qui demandait dix pages à Balzac, va nous forcer à réfléchir sur le roman, sur sa raison d'être. Car c'est bien le roman qui est en péril, la poésie et l'art de la scène sont à mes yeux encore irremplaçables, l'une grâce à l'universalité de son propos et à son « non-sens », l'autre grâce à son instantanéité. J'ai donc reçu, comme la plupart de mes contemporains, une éducation extrêmement réaliste, et je voudrais proposer autre chose. J'éprouve le besoin de nourrir mes romans d'autres genres littéraires tels que la poésie et le théâtre, d'autres disciplines comme la peinture et la musique. À mes yeux, *Le Champ dans la mer* est un poème sous forme de monologue. Presque chaque phrase a été testée pour une lecture à haute voix. C'est pourquoi je préfère être considérée comme écrivain plutôt que comme romancière. La distinction entre les genres ainsi qu'entre toutes choses est très risquée, souvent réductrice. En même temps je souhaite que le roman ait encore un peu de valeur lit-téraire, qu'il ne devienne pas, comme c'est le cas de plus en plus, un élément de témoignage, une source d'informations journalistiques.

Je ne pense pas m'éloigner de la réalité au sens commun du mot. Il va sans dire que je suis toujours sensible à la condition humaine, je suis concernée par la vie de tous les jours autant que par l'avenir de la planète. Je ne trouve pas de meilleure façon de décrire l'universalité que de recourir au symbolique, à une expression fortement individuelle. Et puis il faut du recul. Un océan ne suffit pas, il faut que ce soit une mort. Il faut que l'écart soit assez grand, que la faille soit assez profonde, pour que l'auteur et les lecteurs ressentent une humilité, une haute insécurité devant ce qu'on appelle le réel. La mort dans mes romans n'est donc pas un thème, elle est seulement un décor, un repère, comme une porte qui sépare la scène en deux. Le vrai sujet est ailleurs.

Dans mes derniers livres comme dans celui-ci, les repères spatio-temporels sont devenus très flous, voire absents. On ne peut pas, en les lisant, espérer obtenir des renseignements bruts sur la Chine, le Canada, l'immigration, etc. Nous vivons dans une époque extrêmement bruyante. Nous sommes déjà inondés par les informations et les témoignages de toutes sortes. Il ne me semble vraiment pas nécessaire de participer moi aussi à cela. Je souhaite contribuer autrement. Après environ dix ans de pratique d'écriture, je souhaite retrouver l'état primitif dans lequel j'ai découvert la littérature. Je n'ai aimé la littérature que dans le calme et dans la solitude.

Et du coup je crois que j'ai enfin trouvé un style qui me convient. Un style peu descriptif, dépouillé à l'extrême, avec une intensité intérieure. J'espère que cela se rapproche de la poésie et du théâtre. J'aime

énormément la poésie et le théâtre, plus que le roman
je crois, mais je pense que le roman me permettra
de réunir les qualités de ces deux genres avec profondeur et étendue. Je me préoccupe du rythme, de la
musicalité du texte. Je voudrais que chaque phrase,
sinon chaque mot, ait un sens double ou ambigu, tout
en étant clair et direct. Car c'est ainsi que je perçois la
réalité.

Comme il n'y a plus de références géographiques
à donner, en écrivant, mon esprit se sent libre de cir-
culer dans l'espace et dans le temps. Lorsqu'on dit
« mémoire », on se repose sur une conception linéaire
du temps, on est sûr de ce qui est le passé, le présent
et le futur. Mais si on se laisse s'égarer juste un peu loin
de cette ligne temporelle, on s'aperçoit que la mémoire
n'a peut-être pas autant d'importance que ce qu'on
croyait. Ce qui s'est passé autrefois se déroule à l'instant même sous nos yeux. Ce qui nous arrive aujour-
d'hui, nous le trouverons presque à coup sûr dans l'histoire. On dit toujours que la connaissance du passé
nous aide à voir le présent ou le futur. Je dirais que l'in-
verse est aussi vrai, le présent nous parle du passé et
de l'avenir. Quand on connaît le présent, ce dont tout
le monde est capable, on connaît tout. Tout est déjà
devant nous, seulement, parfois, nous ne voulons pas
le voir ou le croire. Dans ce cas, il n'est pas question
de l'espoir ni du désespoir pour moi en tant qu'écrivain. Ces deux émotions étroitement liées au temps
doivent toucher mes personnages douloureusement
encadrés par le temps. L'héroïne du *Champ dans la mer*

y échappe parfois. La phrase « L'avenir appartient à tous, même à moi, malgré ma fâcheuse condition » se lit comme une affirmation ironique. Cette pensée s'applique aussi à la question spatiale, de façon plus évidente. La grand-mère dans *La Mémoire de l'eau* l'a bien résumé : « L'odeur de l'eau est partout la même. »

La mémoire n'est donc pas le thème de ce livre. Tout comme, au sens strict, la mort individuelle n'en est pas un non plus. Souvent, ce ne sont que des procédés, comme la mer, le champ, les maisons ne sont que des décors et des repères dans une narration qui se veut un peu à l'écart des notions courantes du temps et de l'espace. Le vrai thème du *Champ dans la mer* est la disparition d'une civilisation dite « de maïs ». C'est bien sûr très métaphorique. L'important pour moi n'est pas de relater une civilisation précise, mais de décrire ce processus vers le néant qui me semble cosmique, et qui concerne toute civilisation. La narratrice, l'incroyable vieillarde, est là pour nous dire cette immense contradiction, cette vérité impossible : tout s'en va et pourtant rien ne se perd.

Mars 2002

En tant que moi

J'ai indiqué auparavant que de planter désormais mes romans dans des non-lieux et dans des temps à peine définis est d'abord et avant tout un choix esthétique, mis en pratique à partir d'*Immobile*, publié en 1998 mais nourri depuis bien plus longtemps. Alors mon amie Annie Curien, qui a énormément contribué à la présentation de la littérature contemporaine chinoise en France, va me demander comment, dans le contexte d'une telle démarche littéraire, je me situe par rapport à mon identité chinoise.

Si je connaissais le pourquoi, je connaîtrais le comment. J'ai tenté, par un tel procédé, de me plonger moi-même loin dans une logique intérieure des êtres et des choses, et en second lieu d'attirer l'attention des lecteurs sur la destinée individuelle plutôt que sur la destinée collective, sur des différences personnelles plutôt que sur les différences qui sont prétendument culturelles. Le monde moderne favorise la transmission des pensées et l'apprentissage des codes culturels. Les peuples ont tendance à évoluer en même temps, et partagent de plus en plus le même espace, spirituel autant que géographique. La spécificité individuelle sera alors bien plus importante que celle dite des civilisations. L'espace intérieur restera le seul espace inoccupé, la seule possibilité de solitude, un terrain indispensable à la littérature. Il s'agit aussi, en quelque sorte, d'une révolte poétique contre un comportement de lecture trop souvent guidé par le classement ethnique, avec une attention extrême accordée à l'aspect social et national des écrits. Cette révolte se justifie par la réalité littéraire et critique que j'ai pu constater de part et d'autre des océans, une tendance que je qualifie de suicidaire. Ce souci fait partie intégrante, pour une fois, d'une de mes convictions : la littérature ne devrait pas se réduire à la servitude des autres disciplines ni des autres causes, au contraire, elle est censée trouver son propre chemin pour continuer.

Cela dit, en tant qu'individu, je ne vis pas en dehors de la vie réelle, mes personnages ne sont pas tombés du ciel. Je n'aurais pas pu écrire *Le Champ dans la mer* sans avoir vécu moi-même dans le « tiers-monde », sans avoir senti l'anéantissement de la culture ancestrale représentée ici par l'agriculture, sans avoir vu de mes propres yeux des milliers de paysans rôder, en ce moment même, dans des villes industrialisées en Chine, ces immigrants de l'intérieur méprisés, vidés et soumis ; je n'aurais pas pu écrire ce livre non plus si je n'avais pas connu un amour absolu, si je n'avais pas souffert de sa perte. Seulement j'ai souhaité que la littérature serve à élever à un état autre ces matières

brutes que je reçois, où pudiquement je cherche le
sublime en m'appuyant sur des mots. Le vrai sujet
c'est l'écriture.

Aussi, cela va sans dire, je ne peux pas parler de
mon rapport avec le monde sans parler de mon rapport avec la Chine où j'ai vécu près de vingt-huit ans,
où j'ai été témoin de vicissitudes troublantes, où j'ai
reçu un bagage éducatif quasi complet. Toutefois, je
me demande quel type de rapport est-ce que j'entre-
tiens aujourd'hui réellement avec mon passé, et avec
quelle Chine.

Les mots tels que « la Chine », « les Chinois », me
paraissent à la fois trop vastes et trop limités, trop
larges et trop étroits. D'abord, nous n'habitons pas
le pays entier quand il est aussi étendu, et même si
nous le parcourions volontairement, nous entretien-
drions avec cette terre un rapport intellectuel ou
touristique, et non un rapport d'habitant. Le lien
qui m'attache maintenant encore à ce pays est un
lien anodin, quotidien, affectif et intime. Ce qui me
reste de mon pays natal n'est rien d'autre que ma
famille et le souvenir de mon enfance, précisément
le souvenir du fumet des sauces, du parfum des petites
gourmandises, de la mélodie du dialecte local, des
noms de certaines boutiques dont l'évocation seule
peut m'émouvoir jusqu'aux larmes, agissant comme
la madeleine de Proust. Puis, à cause peut-être de la
façon dont ils sont prononcés, ou faute de mieux,
les termes « Chine » et « Chinois » me paraissent trop
reliés à un peuple spécifique et figé, ce qui est le

contraire de la réalité chinoise : l'identité de ce peuple, au fond, est en perpétuelle mutation et en reconstitution depuis la nuit des temps jusqu'aujourd'hui. Cette impression provient aussi, sans nul doute, de mon vécu personnel. Après avoir habité une dizaine d'années en dehors de mon pays natal, je ne peux plus examiner la condition des Chinois de façon isolée, sans me rendre compte de ce qui se passe ailleurs. J'ai acquis cette attitude très jeune, longtemps avant de quitter Shanghai, comme si j'étais déjà prête à accueillir mon destin, comme si j'étais déjà vieille. Malgré, donc, ma curiosité et mon admiration pour certaines choses accomplies en Occident, j'étais vaguement consciente que « l'odeur de l'eau est partout la même », j'ai exprimé cela dès mon premier livre. De même, je ne peux plonger la tête dans mon sac de trésors chinois sans un sentiment de reconnaissance envers l'endroit où j'ai publié mes premiers livres, envers les pays où je suis lue aujourd'hui, sans une pensée aux esprits que j'ai croisés ailleurs, sans parler des romans de Proust et de Joyce, du théâtre de Shakespeare et de Racine, de la poésie de Rimbaud et de Garneau, de la musique de Verdi et de Bach, de la peinture impressionniste, des œuvres de tant d'autres encore. Ici et ailleurs se confondent, comme des courants qui se croisent dans une même rivière, la seule distinction se trouve désormais dans l'expression.

Enfin, je ne suis pas mes ancêtres, je ne suis pas les autres. Mais je ne serais pas moi sans mes ancêtres et sans les autres. Et si, après avoir résumé mon parcours, il faut réfléchir à mon devenir, j'ai trouvé une solution paresseuse : celle de m'installer dans la rivière adorée, assise comme une pierre parmi des courants.

Mai 2003

Note

À l'exception de « Fin des *Lettres chinoises* » qui a été publié en anglais dans *Passages* (Doubleday Canada, 2002), tous les textes contenus dans cet ouvrage sont inédits.

« Carnet de voyage en Chine » a été rédigé à l'occasion du tournage d'un film intitulé *Retour illusoire* et produit par l'Office national du film du Canada, que l'auteur remercie de son appui. « La charge », « L'autotraduction », « La vie probable » et « En tant que moi » sont des exposés présentés à Paris, à la Maison des écrivains, à la Maison des Sciences de l'homme, à la Bibliothèque nationale et lors d'une soirée consacrée à la Chine organisée par Martine Hémery et la Poste française, avec l'aide des sinologues Annie Curien et Chantal Cheng. « Entre la fin et la naissance » est le texte d'une conférence prononcée à l'Université de Sherbrooke, et « Saint-Denys Garneau » celui d'une allocution lors du Festival de la poésie. Quant à la « Lettre d'Umbertide », elle a d'abord été écrite en anglais et un extrait en a été utilisé par le centre

Civitella. Enfin, « L'arbitraire et l'approximatif » doit paraître aux éditions Nota bene dans un ouvrage collectif sur la littérature québécoise contemporaine préparé par Catherine Morency.

Table des matières

MISE EN PAGES ET TYPOGRAPHIE :
LES ÉDITIONS DU BORÉAL

ACHEVÉ D'IMPRIMER EN AVRIL 2004
SUR LES PRESSES DE L'IMPRIMERIE GAUVIN
À HULL (QUÉBEC).